COCINA SANA
en familia
JAMIE OLIVER

Grijalbo

OTROS LIBROS DE JAMIE OLIVER

The Naked Chef *1999*
The Return of the Naked Chef *2000*
Happy Days with the Naked Chef *2001*
La cocina de Jamie Oliver 2002
Jamie's Dinners *2004*
La cocina italiana de Jamie Oliver 2005
Cook with Jamie *2006*
Jamie en casa 2007
Jamie's Ministry of Food *2008*
Jamie's America *2009*
Jamie Does . . . *2010*
Las comidas en 30 minutos de Jamie Oliver 2010
Jamie's Great Britain *2011*
Las comidas de Jamie en 15 minutos 2012
Save with Jamie *2013*
Comfort Food 2014
Recetas sanas para cada día 2015

FOTOGRAFÍA DE LOS PLATOS
Jamie Oliver

FOTOGRAFÍA DE TAPA Y RETRATOS
Paul Stuart

DISEÑO
Superfantastic
wearesuperfantastic.com

Para mi adorable esposa Jools,

que, no sé cómo, consigue mantener unida a la creciente familia Oliver, a pesar de que es una locura... ¡casi siempre!

CONTENIDO

FÁCILES, MUY SABROSAS
Y REPLETAS DE COSAS BUENAS

Así son las recetas que me pedían en un libro de cocina sana para la familia, y eso es exactamente lo que he puesto en estas páginas. En pocas palabras, he preparado una extensa selección de los suculentos platos de siempre que sé que les encantan, y los he cocinado, reescrito, probado y editado para que encajen en mi filosofía de los superalimentos. Así comerán unos platos no solo apetitosos y saciantes, sino también un auténtico regalo para el paladar, totalmente equilibrados, que los reanimarán y llenarán de energía. Se los garantizo.

La palabra *familia* significa algo distinto para cada persona, especialmente cuando se trata de comer. Para mí, evoca la comida que te hace sentir a gusto, reconfortante y preparada para compartir, pero que la mayoría de las veces no te conviene probar. ¡Pero este libro es diferente! Lo único que pretende es animarte a disfrutar de unos platos excelentes y nutritivos cada día, tanto si comes solo como en familia o con tus amigos. Tengo un montón de ideas geniales para el desayuno, todas ellas con menos de 400 calorías, y he escrito un capítulo extra, «Astucias de cocina», sobre esos elementos que puedes preparar con antelación y sacar de la manga cuando quieras cocinar. Todos los demás capítulos —desde «Soluciones rápidas» hasta «Pasta y risotto», pasando por «Cocinar al horno» hasta «Curris y guisos»— te solucionan las comidas y cenas, con recetas que aportan un máximo de 600 calorías, que solo deberás combinar a lo largo de la semana para estar seguro de acertar (véase página 244). Si tres o cuatro días a la semana cocinas alguno de estos platos, todo serán ventajas para tu salud y la de tu familia. Encontrarás información nutricional en cada receta, y cada plato, los de almuerzos y cenas con dos porciones de hortalizas y frutas, está diseñado para aportarte energía positiva y bienestar.

Como hice en *Recetas sanas para cada día,* he fotografiado yo mismo todos los platos, pues eso me ha permitido examinar de cerca las recetas y cuestionar y mejorar ingredientes, métodos y técnicas para que sean lo más perfectos posible. Deseo que *Cocina sana en familia,* completado con una sección sobre salud y bienestar, te proporcione todo lo que tú y tu familia necesitan para llevar una vida más saludable, plena y feliz.

DESAYUNOS

Empieza bien el día alimentando tu cuerpo
para que dé lo mejor de sí mismo

PORRIDGE CON CHOCOLATE, YOGUR GRIEGO Y FRUTA FRESCA

— El cacao en polvo de buena calidad crea una reconfortante y lujosa sensación de bienestar, pero sin la cantidad de azúcar y grasas saturadas que aportaría el chocolate en tableta —

PARA 12 PORCIONES
20 MINUTOS

200 g de avellanas peladas

200 g de dátiles Medjool

400 g de avena

2 cucharaditas
de esencia de vainilla

3 cucharadas colmadas
de cacao en polvo de calidad

1 naranja

PARA CADA PORCIÓN

200 ml de agua de coco

1 cucharada colmada
de yogur griego

80 g de fruta fresca, como
frambuesas, moras, banana
en rodajas, manzana y pera
ralladas, gajos de naranja

opcional: una pizca de canela
en polvo o cacao en polvo
de calidad

Tostar las avellanas en una sartén a fuego medio hasta que se doren, removiendo a menudo, y ponerlas en una procesadora. Descarozar los dátiles y añadir la pulpa a las avellanas con la mitad de la avena, la esencia de vainilla, el cacao en polvo y la cáscara de la naranja finalmente rallada. Triturar hasta que esté homogéneo. Incorporar la mezcla al resto de la avena, remover bien y reservar en un frasco hermético, listo para usar.

Cuando se necesite una porción, solo hay que poner 65 g de la mezcla en un jarro con el agua de coco y calentar a fuego medio-suave unos 3 minutos, o hasta que tenga la consistencia deseada, removiendo y añadiendo agua para aclararla, si fuera necesario. Servir cada porción con una cucharada de yogur griego y 80 g de fruta fresca. Este porridge también es perfecto con una pizca de canela o espolvoreado con cacao, si se desea. Y recuerda, si aumentas el número de porciones que cocinas a la vez, solo tienes que ajustar el tiempo de cocción proporcionalmente. Este porridge con chocolate ¡qué rico está!

Sé previsor y haz una buena cantidad
Preparar una buena cantidad de este porridge, que se conserva bien un máximo de 2 semanas, te facilitará enormemente la tarea de preparar el desayuno.

CALORÍAS	GRASAS	GRASAS SATURADAS	PROTEÍNAS	CARBOHIDRATOS	AZÚCARES	SAL	FIBRA	1 PORCIÓN VERDURA Y FRUTA
356 kcal	15,9 g	2,9 g	11,3 g	45,2 g	21,2 g	0,2 g	6,3 g	

HUEVOS PASADOS POR AGUA
4 RECETAS DELICIOSAS Y EQUILIBRADAS

Comer huevos es un modo superfácil de aumentar la ingesta de nutrientes, pues
— contienen proteínas de alta calidad y una interesante y amplia gama de vitaminas, —
minerales y oligoelementos esenciales

CADA UNO PARA 1 PERSONA

ESTILO BRITÁNICO

Lavar **1 huevo grande** y hacerlo pasado por agua en un jarro con agua hirviendo a fuego medio-fuerte 5½ minutos. En la misma agua, hervir **150 g de espárragos grandes limpios**. Mientras, tostar **1 rebanada de pan integral (50 g)** y cortarla en rectángulos. Escurrir los espárragos y mezclar con **1 cucharadita de queso crema**, ponerlos sobre el pan tostado y rallar finamente un poco de **parmesano** por arriba. Romper la parte superior del huevo, ¡y al ataque!

ESTILO INDIO

Poner **1 huevo grande** en un jarro con agua hirviendo a fuego medio-fuerte y hacerlo pasado por agua 5½ minutos. Mientras, extender **1 cucharadita de pasta de curri jalfrezi** encima de **1 chapati integral**, esparcir **una pizca de semillas de sésamo** y tostar en una sartén sin grasa de ambos lados, luego cortar en triángulos. Lavar y cortar por la mitad **80 g de zanahorias baby** de colores y aliñarlas con un chorrito de **jugo de limón**. Servir con **1 cucharada de yogur natural** mezclado con **salsa de ají**. Romper la parte superior del huevo, ¡y al ataque!

ESTILO MEXICANO

Poner **1 huevo grande** en un jarro con agua hirviendo a fuego medio-fuerte y hacerlo pasado por agua 5½ minutos. Mientras, cortar en dados ¼ **de palta madura** y **75 g de tomates cherry maduros**, aliñar con un chorrito de **jugo de lima** y unas **hojas de cilantro fresco**. Tostar **1 tortilla de maíz**, cortarla en triángulos y esparcir por encima las verduras con **1 cucharadita colmada de ricota** y un chorrito de **salsa picante de ají**. Romper la parte superior del huevo, ¡y al ataque!

ESTILO ESPAÑOL

Poner **1 huevo grande** en un jarro con agua hirviendo a fuego medio-fuerte y hacerlo pasado por agua 5½ minutos. Mientras, tostar **1 rebanada de pan integral (50 g)** y frotarla por un lado con ½ **diente de ajo**. Aplastar sobre ella **3 tomates cherry maduros** cortados por la mitad, espolvorearla con **una pizca de orégano seco y 5 g de queso manchego finamente rallado,** y tostarla con el lado del queso hacia abajo en una sartén sin grasa. Disponer **1 morrón rojo grande asado** y pelado al lado. Romper la parte superior del huevo, ¡y al ataque!

CALORÍAS	GRASAS	GRASAS SATURADAS	PROTEÍNAS	CARBOHIDRATOS	AZÚCARES	SAL	FIBRA	1 PORCIÓN VERDURA Y FRUTA
269 kcal	11,9 g	3,6 g	14,7 g	25,5 g	5,4 g	1,1 g	4,4 g	

ESTOS VALORES SON UN PROMEDIO DE LAS CUATRO RECETAS DE ARRIBA

ROSQUILLAS CON MIEL, ARÁNDANOS Y YOGUR

El arándano es una fruta muy hermosa que da un intenso toque de color a estas sabrosas
— rosquillas caseras, además de proporcionarnos una buena dosis de vitamina C, que nos —
ayuda a absorber el hierro contenido en las dos harinas

PARA 4 PERSONAS
35 MINUTOS

100 g de dátiles Medjool

100 g de harina integral
    con levadura

100 g de harina con levadura,
    y un poco más para espolvorear

30 g de almendras molidas

1 huevo grande

aceite de oliva

320 g de arándanos

1 cucharada de miel líquida

4 cucharadas de yogur griego

opcional: canela en polvo

Descarozar los dátiles y trituralos. Luego, mezclarlos en un bol con las harinas, las almendras molidas, el huevo, una pizca de sal marina y 70 ml de agua. Incorporar hasta obtener una masa homogénea, formar un bollo y amasarlo sobre la mesada limpia espolvoreada con harina durante 2 minutos. Estirar la masa hasta que tenga un grosor de 1,5 cm y cortar dos círculos con un cortapasta de 8 cm o con un vaso. Con otro cortapastas de 3 cm (o el extremo de un rollo de film transparente) cortar un agujero en el centro de cada círculo. Juntar esta masa del centro y los recortes de los círculos, amasar de nuevo, estirar y repetir la operación hasta obtener cuatro rosquillas en total.

Cocer las rosquillas a fuego lento en una cacerola grande con agua hirviendo durante 5 minutos, dándolos vuelta con cuidado a media cocción. Escurrirlas bien, ponerlas en una sartén grande a fuego medio con 1 cucharada de aceite y dorarlas durante 10 minutos, girándolas de vez en cuando para que se forme una corteza. Añadir los arándanos a la sartén y verter la miel por encima. Agitar la sartén sobre el fuego un par de minutos y, con una cuchara, dar vuelta las rosquillas varias veces para que se impregnen con el jugo de los arándanos. Cuando la mezcla esté brillante y las rosquillas, de color púrpura, agregar el yogur en la sartén y servir. Está muy bueno espolvoreado con una pizca de canela.

CALORÍAS	GRASAS	GRASAS SATURADAS	PROTEÍNAS	CARBOHIDRATOS	AZÚCARES	SAL	FIBRA	1 PORCIÓN VERDURA Y FRUTA
361 kcal	11,3 g	2,3 g	12,5 g	55,6 g	21,4 g	0,4 g	4,8 g	

TOSTADAS DE POPEYE CON HUEVOS, TOMATES Y SALSA DE AJÍ

— Las espinacas son un ingrediente excelente para el desayuno, ya que son superricas en vitamina K, que necesitamos para mantener los huesos fuertes y sanos. ¡Popeye sabía lo que se hacía! —

PARA 2 PERSONAS
25 MINUTOS

160 g de tomates cherry maduros

4 rebanadas delgadas de pan integral (35 g cada una)

3 huevos grandes

1 feta de 15 g de jamón ahumado

80 g de espinacas tiernas

2 cucharadas de leche semidescremada

1 cucharada colmada de ricota

aceite de oliva extra virgen

salsa picante de ají

Precalentar el horno al máximo. Disponer los tomates en una fuente grande, pinchar cada uno con un cuchillo afilado y gratinarlos 4 minutos, luego añadir el pan y tostarlo de ambos lados. Mientras, romper en el recipiente de una licuadora 1 huevo, añadir el jamón, las espinacas, una buena pizca de pimienta negra y la leche y triturar hasta que esté homogéneo. Retirar la fuente del horno y repartir la mezcla de espinacas y huevo entre las cuatro tostadas, extendiéndola hasta los bordes. Poner la ricota en la superficie, gratinar otros 4 minutos, o hasta que los bordes empiecen a dorarse.

Mientras, freír los 2 huevos restantes en una sartén antiadherente a fuego medio, taparla para que el vapor cocine los huevos por la parte superior, hasta que tengan el punto de cocción deseado. Repartir las tostadas de Popeye y servirlas cada una con un huevo y la mitad de los tomates. A mí me gusta terminar el plato con un chorrito de un buen aceite, y un poco de salsa de ají para darle un toque picante. Aplastar los tomates, trocear el pan, romper la yema de huevo, ¡y a comer!

CALORÍAS	GRASAS	GRASAS SATURADAS	PROTEÍNAS	CARBOHIDRATOS	AZÚCARES	SAL	FIBRA	1 PORCIÓN VERDURA Y FRUTA
356 kcal	14,6 g	4 g	23,6 g	31,8 g	6,4 g	1,4 g	6,4 g	

BATIDOS SALUDABLES Y EQUILIBRADOS
4 COMBINACIONES FANTÁSTICAS Y SABROSAS

Estos deliciosos batidos constituyen un desayuno completo y equilibrado, todo en
— un gran vaso de vidrio. Todas las combinaciones te garantizan que estás tomando una porción —
de frutas o verduras, más un poco de fibra procedente de las semillas y los cereales integrales

CADA UNO PARA 1 PERSONA

SUPERBATIDO PÚRPURA

Poner el jugo de **1 naranja** en una licuadora, añadir ½ **pera madura**, 80 g de moras frescas o congeladas, 30 g de avena, 200 ml de leche de almendras, 1 cucharada de semillas de girasol, una pizca de semillas de hinojo y un puñado de cubitos de hielo. Licuar hasta que esté homogéneo, añadiendo agua para aclararlo y conseguir la consistencia perfecta para beber. Verterlo en un vaso grande o en una botella y a disfrutar.

SUPERBATIDO CREMOSO

Pelar **1 banana madura** y ponerla en una licuadora con **1 rebanada de pan integral (50 g)**, 100 ml de leche semidescremada, 1 cucharadita colmada de pasta de maní, ½ **cucharadita de canela en polvo** y un puñado de cubitos de hielo. Licuar hasta que esté homogéneo, añadiendo agua para aclararlo y conseguir la consistencia perfecta para beber. Verterlo en un vaso grande o en una botella y a disfrutar. Está muy bueno con una pizca de canela.

SUPERBATIDO DE CHOCOLATE

Pelar ½ **palta madura**, retirarle el carozo y ponerla en una licuadora con **30 g de avena**, **100 ml de leche semidescremada**, **30 g de dátiles Medjool** (descarozados), **1 cucharadita colmada de cacao en polvo de calidad** y **otra de almendras molidas**, y un puñado de cubitos de hielo. Licuar hasta que esté homogéneo, añadiendo agua para aclararlo y conseguir la consistencia perfecta para beber. Verterlo en un vaso grande o en una botella y a disfrutar.

SUPERBATIDO VERDE

Pelar ½ **banana madura** y ponerla en una licuadora con ½ **manzana**, 40 g de espinacas tiernas, 30 g de avena, 150 ml de leche semidescremada, 1 cucharada **de pasta de almendras** (o tu pasta de frutos secos preferida) y un puñado de cubitos de hielo. Licuar hasta que esté homogéneo, añadiendo agua para aclararlo y conseguir la consistencia perfecta para beber. Verterlo en un vaso grande o en una botella y a disfrutar.

CALORÍAS	GRASAS	GRASAS SATURADAS	PROTEÍNAS	CARBOHIDRATOS	AZÚCARES	SAL	FIBRA	1 PORCIÓN VERDURA Y FRUTA
325 kcal	12,5 g	2,7 g	11,4 g	43,9 g	21,8 g	0,3 g	5,4 g	

ESTOS VALORES SON UN PROMEDIO DE LAS CUATRO RECETAS DE ARRIBA

PANQUEQUES DE TRIGO SARRACENO CON FRUTILLAS, YOGUR GRIEGO, ROMERO Y JARABE DE ARCE

Estos panqueques supersabrosos son perfectos para vegetarianos; además la harina
— de trigo sarraceno contiene manganeso, que necesitamos para mantener fuerte y sano —
nuestro tejido conectivo

PARA 4 PERSONAS
30 MINUTOS

300 ml de leche de almendras

1 cucharadita de esencia
de vainilla

75 g de almendras peladas

100 g de harina de trigo
sarraceno

100 g de harina de arroz

2 cucharaditas rasas
de levadura en polvo

1 banana madura

aceite de oliva

350 g de frutos rojos
de estación, como frutillas,
moras, frambuesas, arándanos

1 ramita de romero fresco

jarabe de arce

4 cucharadas de yogur griego

Verter la leche en una licuadora con la esencia de vainilla, las almendras, las harinas y la levadura en polvo. Pelar y añadir la banana, y triturar hasta que la mezcla esté homogénea. Poner una sartén grande antiadherente a fuego medio. Cuando esté caliente, para cada porción de dos panqueques añadir 1 cucharadita de aceite y 3 cucharadas de masa por panqueque. Introducir algunas frutillas en rodajas o frutos rojos enteros en la masa y cocer los panqueques 4 minutos o hasta que estén bien dorados por debajo (los primeros siempre cuestan más, hasta que no se controla la temperatura). Darlos vuelta, presionarlos un poco con una espátula y cocerlos otros 2 minutos, o hasta que se doren del otro lado. Reservarlos en un plato con el lado de la fruta hacia arriba. Limpiar la sartén con papel de cocina y repetir el proceso.

Meter la ramita de romero en la botella de jarabe de arce y extender con ella un poco de jarabe por encima de los panqueques calientes. Cubrir cada porción con una cucharada de yogur y servir con los frutos rojos a un lado.

------------------------------ *Sé previsor* ------------------------------
Esta masa se conserva bien en la heladera, así que puedes prepararla el día anterior, o, si la haces para menos de cuatro personas, utiliza las cantidades de la receta y te servirá para un par de días.

CALORÍAS	GRASAS	GRASAS SATURADAS	PROTEÍNAS	CARBOHIDRATOS	AZÚCARES	SAL	FIBRA	1 PORCIÓN VERDURA Y FRUTA
398 kcal	15,7 g	2,4 g	12,3 g	53,9 g	15,9 g	0,7 g	3,5 g	

DOS RECETAS SENSACIONALES DE HUEVOS ESCALFADOS

Además de lucir un color brillante, la yema de huevo es rica en vitamina D, que puede
— faltarnos en los meses de invierno por estar menos expuestos a la luz solar y que nuestros —
músculos necesitan para funcionar correctamente

CADA UNO PARA 1 PERSONA

HONGOS CON TRUFA

Extender 40 cm de film transparente sobre la superficie de trabajo y untarlo con un poco de **aceite de trufa**. Cortar **1 hongo portobello** en láminas bien finas y disponerlo en medio del film. Con cuidado, romper **1 huevo grande** encima. Sujetar los extremos del papel film procurando sacar todo el aire alrededor del huevo. Hacer un nudo en el film para asegurarlo bien. Escalfarlo adentro del paquetito en un jarro con agua hirviendo durante unos 6 o 7 minutos si se desea pasado por agua, o más tiempo si se quiere duro. Colocar un colador o una vaporera de bambú encima del jarro y cocer al vapor **80 g de espinacas** al mismo tiempo que se cocina el huevo. Mientras, tostar **1 rebanada gruesa de pan integral de semillas (50 g)** y untar con **1 cucharadita colmada de queso crema**, como si fuera manteca. Escurrir muy bien toda el agua de las espinacas, disponerlas encima de la tostada. Cortar el paquete de papel film con las tijeras, desenvolver el huevo, ponerlo delicadamente encima, sazonar, ¡y a comer!

CIBOULETTE Y SALMÓN AHUMADO

Extender 40 cm de film transparente sobre la superficie de trabajo y untar con un poco de **aceite de oliva extra virgen**. Picar finamente **ciboulette fresca** y esparcirla en el centro del papel film; cortar en láminas y extender **10 g de salmón ahumado**. Con cuidado romper **1 huevo grande** encima. Sujetar los extremos del papel film procurando sacar todo el aire alrededor del huevo. Hacer un nudo en el film para asegurarlo bien. Escalfarlo adentro del paquetito en un jarro con agua hirviendo durante unos 6 o 7 minutos si se desea pasado por agua, o más tiempo si se quiere duro. Colocar un colador o una vaporera de bambú encima del jarro y cocer al vapor **80 g de espinacas** al mismo tiempo que se cocina el huevo. Mientras, tostar **1 rebanada gruesa de pan integral de semillas (50 g)** y untarla con **1 cucharadita colmada de queso crema**, como si fuera manteca. Escurrir muy bien toda el agua de las espinacas, disponerlas encima de la tostada. Cortar el paquete de papel film con las tijeras, desenvolver el huevo y ponerlo delicadamente encima. Servir con **un gajo de limón** para exprimir por encima, sazonar, ¡y a comer!

CALORÍAS	GRASAS	GRASAS SATURADAS	PROTEÍNAS	CARBOHIDRATOS	AZÚCARES	SAL	FIBRA	1 PORCIÓN VERDURA Y FRUTA
272 kcal	13,5 g	4 g	16,5 g	20,5 g	2,7 g	1,2 g	5 g	

ESTOS VALORES SON UN PROMEDIO DE LAS DOS RECETAS DE ARRIBA

PANQUEQUES CON ANANÁ, YOGUR, COCO, CASTAÑAS DE CAJÚ Y LIMA

Un ananá jugoso, dulce y bien maduro es una gran fuente de manganeso, uno de los nutrientes que nuestro cuerpo necesita para mantener sanos y perfectos los sistemas metabólicos

PARA 4 PERSONAS

35 MINUTOS

40 g de castañas de cajú

2 cucharadas de coco
   seco rallado sin azúcar

1 ananá maduro

4 vainas de cardamomo

150 g de harina integral

300 ml de leche semidescremada

1 huevo grande

1 cucharadita de esencia
   de vainilla

una pizca de canela en polvo

aceite de oliva

4 cucharadas de yogur natural

1 lima

opcional: miel de manuka

Tostar las castañas de cajú en una sartén grande antiadherente a fuego medio hasta que se doren ligeramente, añadir el coco 30 segundos, poner todo en un mortero y machacar un poco. Cortar los extremos del ananá, pelarlo, cortarlo en cuatro longitudinalmente y retirar el corazón. Cortar la pulpa en rodajas de 1 cm. Cocinarlo en la misma sartén a fuego medio-fuerte de 5 a 10 minutos, o hasta que se caramelice, removiendo a menudo, y reservarlo en una fuente caliente.

Mientras, aplastar las vainas de cardamomo y poner las semillas interiores en una licuadora con la harina, la leche, el huevo, la esencia de vainilla, la canela y una pizca de sal marina. Triturar hasta que la mezcla esté homogénea. Verter unas gotas de aceite en la sartén y esparcirlo con un papel de cocina. Añadir un poco de masa, la suficiente para cubrir la base de la sartén, cocer el panqueque hasta que se dore de ambos lados y reservar en un plato. Repetir el proceso, apilando los panqueques a medida que se van haciendo y cubriéndolos con un paño limpio para mantenerlos calientes.

Se pueden armar porciones individuales o bien preparar una fuente para compartir en medio de la mesa. Cortar los panqueques, doblarlos y disponerlos en capas alternándolos con el ananá caramelizado, cucharadas de yogur, castañas de cajú machacadas y coco. Repetir las capas hasta que se hayan terminado todos los ingredientes y espolvorear por encima un poco de ralladura de lima. Son buenísimos con un chorrito de miel, si te gusta.

CALORÍAS	GRASAS	GRASAS SATURADAS	PROTEÍNAS	CARBOHIDRATOS	AZÚCARES	SAL	FIBRA	1 PORCIÓN VERDURA Y FRUTA
309 kcal	10,9 g	3,9 g	12,5 g	43,4 g	18,8 g	0,3 g	3,7 g	

DESAYUNO INGLÉS CON TORTILLA DE PANCETA, HONGOS, PAPAS Y TOMATES

En esta receta, los huevos aglutinan todos los ingredientes favoritos de los ingleses para el desayuno;
— superricos en proteínas, que necesitamos para que nuestro cuerpo crezca y se repare, son ideales —
para desayunar después de una dura sesión de gimnasio

PARA 4 PERSONAS
35 MINUTOS

250 g de hongos
   portobello pequeños

4 tomates medianos maduros
   de varios colores

2 rebanadas de pan integral
   (50 g cada una)

200 g de papas

2 fetas de panceta ahumada

2 ramitas de romero fresco

aceite de oliva

80 g de espinacas tiernas

6 huevos grandes

10 g de parmesano

Precalentar el horno al máximo. Limpiar los hongos y cortarlos por la mitad; hacer lo mismo con los tomates. Disponer los hongos y los tomates con el corte hacia arriba en una fuente y gratinarlos de 6 a 8 minutos, hasta que se doren por ese lado, vigilando que no se quemen (al asar los hongos se realza su increíble sabor a frutos secos). Tostar el pan al mismo tiempo hasta que se dore. Retirar todo del horno.

Mientras, rallar gruesas las papas y sazonarlas con una pizca de sal marina para eliminar el exceso de agua. Picar finamente la panceta y deshojar las ramitas de romero. Poner una sartén antiadherente de 26 cm que pueda ir al horno a fuego medio con 2 cucharaditas de aceite. Freír la panceta y las hojas de romero 2 minutos, o hasta que la panceta esté dorada. Escurrir el exceso de agua de las papas ralladas, añadirlas a la sartén y cocerlas 5 minutos, o hasta que se doren, removiendo de vez en cuando.

Agregar las espinacas a la sartén con las tostadas en trozos, luego añadir los hongos y los tomates. Con unas pinzas, removerlo bien todo hasta que las espinacas se ablanden. Mientras, en un bol grande, batir los huevos con el parmesano rallado y una pizca de pimienta negra. Pasar el contenido de la sartén en el bol de los huevos e incorporar con cuidado. Poner la mezcla en la sartén y gratinar la tortilla en el horno durante 5 minutos, o hasta obtener el punto de cocción deseado. Pasar la tortilla a una tabla, cortarla en porciones y servirla.

CALORÍAS	GRASAS	GRASAS SATURADAS	PROTEÍNAS	CARBOHIDRATOS	AZÚCARES	SAL	FIBRA	2 PORCIONES VERDURA Y FRUTA
291 kcal	14,8 g	4 g	18,6 g	21,3 g	3,9 g	1,4 g	4,1 g	

CRUMBLE CON FRUTAS ASADAS, COCO, DÁTILES Y AVENA

Dos de los ingredientes de este crumble —la energética avena y los hermosos y dulces
— dátiles— son muy ricos en fibra, que nos ayudará a mantener los intestinos sanos y felices, —
¡y a ser regulares!

PARA 12 RACIONES
55 MINUTOS

6 naranjas

1 cucharada de aceto
   balsámico

1 vaina de vainilla

150 g de frutillas maduras

200 g de dátiles Medjool

360 g de avena

80 g de coco seco rallado
   sin azúcar

aceite de oliva extra virgen

2 kg de frutas de estación
   variadas con carozo, como
   ciruelas, duraznos,
   damascos, cerezas

POR PORCIÓN

1 cucharada de yogur natural

Precalentar el horno a 200 °C. Cortar las naranjas por la mitad y exprimir todo el jugo en una fuente de horno grande, junto con el aceto balsámico. Abrir la vaina de vainilla a lo largo y quitar las semillas; añadirlas junto con la vaina a la fuente. Cortar las frutillas, agregarlas y poner la fuente a calentar en el horno mientras se prepara el crumble y las frutas.

Para hacer el crumble, descarozar los dátiles y poner la pulpa en una procesadora con la avena, el coco, 1 cucharada de aceite y 130 ml de agua, y triturar hasta obtener una masa granulosa. Disponerla en una fuente o una bandeja (30 cm x 40 cm) y extenderla en una capa uniforme. Lavar todas las frutas, cortarlas por la mitad o en cuartos, retirando los carozos. Sacar del horno la fuente con el jugo caliente y añadir todas las frutas. Poner de nuevo la fuente en la parrilla superior del horno, colocar el crumble en el estante de abajo y cocer 45 minutos, o hasta que la fruta esté blanda y caramelizada y el crumble, bien dorado. Remover el crumble de vez en cuando para desmigarlo y darle un bonito color uniforme.

Servir las porciones deseadas mientras esté caliente, añadiendo 1 cucharada de yogur por cada una. Una vez frío, poner el resto del crumble en un frasco hermético para servirlo en los días siguientes, y guardar la fruta en la heladera, donde se mantendrá hasta 5 días.

CALORÍAS	GRASAS	GRASAS SATURADAS	PROTEÍNAS	CARBOHIDRATOS	AZÚCARES	SAL	FIBRA	2 PORCIONES VERDURA Y FRUTA
218 kcal	5,6 g	2,6 g	4,8 g	37,2 g	22,8 g	0 g	3,6 g	

PANQUEQUES CRUJIENTES DE ARROZ CON GARBANZOS AL CURRI, HUEVOS Y SALSA DE COCO

Los garbanzos son muy reconfortantes y aportan sabor y textura a este desayuno, además
— de ser ricos en ácido fólico, un tipo de vitamina B que necesitamos para la función psicológica, —
es decir, ¡para pensar correctamente!

PARA 4 PERSONAS
30 MINUTOS

½ sobre de 7 g de levadura

125 g de harina de arroz

aceite de oliva

1 cucharadita colmada
    de pasta de curri jalfrezi
    (véase página 236)

½–1 ají picante rojo

1 manojo de cebollitas de verdeo

330 g de garbanzos en conserva

100 g de espinacas tiernas

un trozo de jengibre de 4 cm

2 tomates maduros

1 lima

2 cucharadas de coco
    seco rallado sin azúcar

½ manojo de cilantro fresco
    (15 g)

4 huevos grandes

4 cucharadas colmadas
    de yogur natural

En un bol, batir la levadura con 250 ml de agua templada, añadir poco a poco la harina y una pizca de sal marina sin dejar de batir, hasta que esté homogéneo. Reservar. Poner una sartén a fuego medio con 1 cucharadita de aceite y la pasta de curri. Cortar en rodajas finas la mitad del ají y la parte verde de las cebollitas de verdeo y añadirlas a la sartén. Remover durante 5 minutos, incorporar los garbanzos con su jugo y las espinacas. Llevar a ebullición, luego cocer a fuego lento hasta que esté listo.

Para hacer la salsa, cortar en rodajas finas la parte blanca de las cebollitas de verdeo y el resto del ají y ponerlo en un bol. Pelar y rallar fino el jengibre adentro del bol. Partir los tomates, retirar las semillas, cortarlos en daditos y añadirlos al bol. Rallar por arriba la cáscara de lima, agregar el jugo, añadir el coco y las hojas de cilantro y mezclar bien. Probar y rectificar la sazón.

Para hacer los panqueques, poner una sartén pequeña antiadherente a fuego medio, verter unas gotas de aceite y esparcirlo con un papel de cocina. Remover bien la masa y verter una cuarta parte en la sartén, haciéndola girar para repartirla por las paredes de la sartén, así los bordes quedarán crujientes. Cocer el panqueque unos 5 minutos solo por la parte inferior, hasta que esté dorado. Con una espátula retirarlo de la sartén. Repetir el proceso con el resto de la masa y, justo antes de hacer el último panqueque, cocinar los huevos al punto de cocción deseado en una cacerola grande con agua hirviendo.

Servir los panqueques con los garbanzos al curri y la salsa de coco, una cucharada de yogur y el huevo escalfado encima.

CALORÍAS	GRASAS	GRASAS SATURADAS	PROTEÍNAS	CARBOHIDRATOS	AZÚCARES	SAL	FIBRA	1 PORCIÓN VERDURA Y FRUTA
319 kcal	11,4 g	3,8 g	15,8 g	38,4 g	4,7 g	0,9 g	4,9 g	

LASSI DE MANGO CON MUESLI BIRCHER, JENGIBRE, PISTACHOS, CÚRCUMA Y SEMILLAS DE HINOJO

Repleta de todo tipo de bondades, la avena contiene beta-glucanos, un tipo de fibra que ayuda a mantener bajo control el nivel de colesterol y al mismo tiempo nos protege de las enfermedades cardíacas

—

PARA 4 PERSONAS

20 MINUTOS
MÁS EL REPOSO

4 vainas de cardamomo

20 g de semillas de lino

½ cucharadita de cúrcuma
en polvo

¼ cucharadita de canela en polvo

un trozo de jengibre de 2 cm

1 cucharada colmada
de pasta de maní

200 g de avena

300 ml de leche semidescremada

2 cucharadas de yogur natural

1 lima

1 banana madura pequeña

300 g de mango congelado

1 cucharada de coco
seco rallado sin azúcar

20 g de pistachos sin cáscara

½ cucharadita de semillas
de hinojo

Aplastar las vainas de cardamomo, sacar las semillas y ponerlas en una licuadora con las semillas de lino, una pizca de cúrcuma, la canela, el jengibre pelado, la pasta de maní y la mitad de la avena. Triturar hasta obtener una mezcla homogénea. Añadir la leche, el yogur y el jugo de la lima, pelar la banana, cortarla y añadirla con el mango congelado. Triturar de nuevo hasta que quede todo bien mezclado. Poner el muesli en un bol, incorporar el resto de la avena y el coco, cubrirlo y dejarlo reposar en la heladera toda la noche.

Para hacer el terminado crujiente, tostar los pistachos y las semillas de hinojo 1 minuto en una sartén antiadherente a fuego medio. Apagar el fuego y, cuando se enfríen, machacarlos con el extremo de un rodillo, mezclarlos con el resto de la cúrcuma.

Separar las porciones necesarias de muesli Bircher, los pistachos y las semillas, mezclándolas con un poco más de leche para conseguir la consistencia deseada, si fuera preciso. Repartir el muesli en los boles, espolvorearlo con los pistachos crujientes en el centro, ¡y a comer! El muesli que sobre se conservará en la heladera hasta 2 días.

CALORÍAS	GRASAS	GRASAS SATURADAS	PROTEÍNAS	CARBOHIDRATOS	AZÚCARES	SAL	FIBRA	1 PORCIÓN VERDURA Y FRUTA
399 kcal	15,7 g	3,9 g	13,4 g	49,4 g	15,2 g	0,2 g	10,5 g	

TOSTADAS DE CENTENO CON PALTA
MONTONES DE IDEAS - PARTE 1

Me han dicho que, actualmente, en el Reino Unido las paltas son más populares que las naranjas. Este alimento tan habitual en el desayuno es una fuente de vitamina E, que actúa como antioxidante ayudando a proteger nuestras células

CADA UNA PARA 1 PERSONA

Untar **1 rebanada de pan de centeno o 1 tostada de 75 g** con **1 cucharadita colmada de queso crema light**, espolvorear con **1 cucharadita de semillas variadas**. Cortar ½ **palta madura** en trozos delgados y colocarlos encima, rociar un poco de **jugo de limón**, sazonar al gusto y aliñar con **1 cucharadita de aceite de oliva extra virgen**. Cortar en rodajas finas ½ **ají picante rojo** y esparcirlo por arriba, a gusto.

Untar **1 rebanada de pan de centeno o 1 tostada de 75 g** con **1 cucharadita colmada de ricota**. Cortar ½ **palta madura** y **1 tomate maduro** en rodajas delgadas y mezclarlos con un poco de **jugo de limón**; sazonarlos a gusto y colocarlos sobre la tostada. Esparcir por arriba **1 cucharadita de piñones tostados** y unas **hojitas de albahaca fresca**.

Con un tenedor, aplastar ½ **palta madura**, ½ **banana madura pelada, 1 cucharadita colmada de queso crema light** y **1 cucharadita de pasta de maní** hasta que la mezcla quede homogénea. Extender la mezcla sobre **1 rebanada de pan de centeno o 1 tostada de 75 g**, espolvorear con **1 cucharadita de semillas de sésamo tostadas**, y terminar con las semillas de ¼ **de granada** por arriba.

Untar **1 rebanada de pan de centeno o 1 tostada de 75 g** con **1 cucharadita colmada de queso crema light**. Saltear **1 puñado grande de espinacas o de verdura de estación**, mezclarlo con un chorrito de **jugo de limón**, sazonarlo al gusto y disponerlo encima. Añadir ½ **huevo pasado por agua**, ½ **palta madura** en rodajas, **unas hojas de cilantro y una pizca de curri en polvo**, para terminar.

En un bol, aplastar con un tenedor **1 remolacha** con **1 cucharadita de hummus** y **1 cucharadita de ricota**, sazonar la mezcla a gusto y extenderla sobre **1 rebanada de pan de centeno** o **1 tostada de 75 g**. Colocar **½ palta madura** encima, rociar con **1 cucharadita de aceite de oliva extra virgen** y esparcir **1 cucharadita de semillas variadas**.

Cocer al dente **1 cucharada de arvejas congeladas**, escurrirlas y aplastarlas con un tenedor junto con **½ palta madura**, **1 cucharadita colmada de ricota**, un chorrito de **jugo de limón** y unas **hojas de menta fresca** picadas, si tienes. Sazonar la mezcla a gusto y extenderla sobre **1 rebanada de pan de centeno** o **1 tostada de 75 g**. Aliñarla con **1 cucharadita de aceite de oliva extra virgen** y **1 cucharadita de almendras machacadas**.

Calentar **200 g de porotos en conserva escurridos** en una sartén a fuego medio con **1 cucharadita de salsa tabasco chipotle** 5 minutos, añadir **1 cucharadita colmada de ricota** y extenderlos en **1 rebanada de pan de centeno** o **1 tostada de 75 g**. Añadir **½ palta madura** y **½ ají picante rojo** en rodajas, aliñados con **jugo de lima**, y unas **hojas de cilantro fresco**.

Con un tenedor, aplastar **½ palta madura** y extenderla sobre **1 rebanada de pan de centeno** o **1 tostada de 75 g**. Cortar en rodajas **½ tomate corazón de buey maduro** y ponerlo encima, añadir **2 aceitunas negras** descarozadas y en trozos y **5 g de queso feta desmenuzado**. Terminar con **una pizca de orégano seco**, **1 cucharadita de aceite de oliva extra virgen** y una pizca de pimienta negra.

Untar **1 rebanada de pan de centeno** o **1 tostada de 75 g** con **1 cucharadita de Marmite** (extracto de levadura de cerveza) y **1 cucharadita colmada de ricota**. Pelar **½ palta madura**, cortarla en rodajas y marcarla en una sartén con **4 hongos portobello** limpios. Colocar todo sobre la tostada. Cortar **2 tomates cherry maduros** y disponerlos encima, aderezar con **1 cucharadita de aceite de oliva extra virgen**, un chorrito de **jugo de limón** y una pizca de pimienta negra.

TOSTADAS DE CENTENO CON PALTA
MONTONES DE IDEAS - PARTE 2

Hoy en día se encuentra pan de centeno en muchos establecimientos, una gran noticia,
— ya que es rico en cloruro, que necesitamos para fabricar ácido clorhídrico en el estómago —
y poder digerir correctamente los alimentos

CADA UNA PARA 1 PERSONA

Con un tenedor, aplastar ½ **palta madura** y extenderla sobre **1 rebanada de pan de centeno o 1 tostada de 75 g**. Mezclar **un puñado pequeño de rúcula** con un chorrito de **jugo de limón**, ponerla haciendo un montoncito en medio de **1 feta de jamón**, enrollar la feta y colocarla encima. Añadir **2 tomates cherry maduros cortados** y **5 g de queso parmesano rallado** y sazonar con pimienta negra.

Con un tenedor, aplastar ½ **palta madura** y **1 cucharadita colmada de ricota** y extender sobre **1 rebanada de pan de centeno o 1 tostada de 75 g**. Hervir **80 g de brócoli**, escurrirlos, aliñarlos con un chorrito de **jugo de limón** y **1 cucharadita de aceite de oliva extra virgen**, sazonarlos a gusto. Ponerlos encima y espolvorearlos con **1 cucharadita de avellanas tostadas picadas** y **una pizca de ají molido**.

Untar **1 rebanada de pan de centeno o 1 tostada de 75 g** con **1 cucharadita colmada de queso crema light**. Limpiar **4 cebollitas de verdeo** y saltearlas en una sartén sin grasa, picarlas con ½ **morrón rojo grande asado y pelado**, ½ **palta madura** y **1 ramita de perejil fresco**. Aliñar con **1 cucharadita de aceite de oliva extra virgen** y un chorrito de **jugo de limón**, sazonar a gusto y colocar todo encima con **1 cucharadita de almendras** partidas por la mitad.

Con un tenedor, aplastar ½ **palta madura**, ½ **banana madura**, **1 cucharadita colmada de queso crema light** y **1 cucharadita de cacao en polvo** de calidad y formar una crema homogénea. Extenderla sobre **1 rebanada de pan de centeno o 1 tostada de 75 g**. Disponer encima algunas **frambuesas** y **2 cucharaditas de avellanas tostadas**. Terminar con **chocolate amargo** (70 %) rallado, si se desea.

Cortar en rodajas ½ **palta madura** y colocarla sobre **1 rebanada de pan de centeno o 1 tostada de 75 g**, exprimir encima un chorrito de **jugo de limón**. Añadir unas rodajas finas de **pepino**, un poco de **ciboulette fresco** picado y **20 g de salmón ahumado** en fetas. Terminar con **1 cucharadita colmada de ricota** y una pizca de pimienta negra.

Aplastar ½ **palta madura** con un chorrito de **jugo de limón**, sazonarla al gusto y extenderla sobre **1 rebanada de pan de centeno o 1 tostada de 75 g**. Asar **1 choclo** en una plancha, cortar los granos y disponerlos encima. Repartir **1 cucharadita colmada de ricota** sobre el choclo y aliñar con **1 cucharadita de aceite de oliva extra virgen** y un poco de **salsa picante de ají**.

Untar **1 rebanada de pan de centeno o 1 tostada de 75 g** con **1 cucharadita colmada de queso crema light**. Cortar en rodajas ½ **palta madura** y colocarla encima. Disolver **1 cucharadita de mostaza inglesa** con un chorrito de **jugo de limón**, y extenderla encima de **40 g de trucha ahumada**. Disponer la trucha encima y terminar con unos cuantos **berros**.

Untar **1 rebanada de pan de centeno o 1 tostada de 75 g** con **1 cucharadita colmada de ricota**. Cortar en rodajas finas ½ **palta madura** y **6 frutillas pequeñas** maduras y colocarlas sobre la ricota, esparcir **1 cucharadita de piñones** encima. Terminar aliñando con **1 cucharadita de aceto balsámico espeso**.

Untar **1 rebanada de pan de centeno o 1 tostada de 75 g** con **1 cucharadita colmada de ricota**. Cortar en rodajas finas ½ **palta madura**, disponerla encima y aliñarla con **jugo de limón**. En una sartén sin grasa, freír **1 feta de panceta ahumada** hasta que esté crujiente, ponerla encima de la palta y sazonar con pimienta negra.

CALORÍAS	GRASAS	GRASAS SATURADAS	PROTEÍNAS	CARBOHIDRATOS	AZÚCARES	SAL	FIBRA
353 kcal	16,5 g	3,6 g	12,2 g	42,5 g	5,7 g	1,4 g	6,8 g

ESTOS VALORES SON UN PROMEDIO DE LAS 18 RECETAS DE LA PÁGINA 38 A LA 41

SOLUCIONES RÁPIDAS

Recetas que te salvan de cualquier apuro,

ya que puedes llevarlas a la mesa en

25 minutos, o incluso menos

PALETAS DE POLLO CON ESPÁRRAGOS Y CUSCÚS DE ARVEJAS Y MENTA

— Además de ser excelente y rico en fibra, el humilde cuscús de trigo integral es rico en cobre, que nuestro sistema metabólico necesita para funcionar con eficiencia —

PARA 2 PERSONAS
24 MINUTOS

250 g de espárragos tiernos

120 g de arvejas frescas
   o congeladas

120 g de cuscús integral

1 limón

20 g de almendras cortadas
   en láminas

2 pechugas de pollo
   sin piel de 120 g cada una

aceite de oliva

2 cucharaditas colmadas
   de pasta de tomates secos

2 cucharadas de yogur natural

½ manojo de menta fresca (15 g)

Recortar seis brochetas de madera para que entren en una sartén grande antiadherente y ponerlas en remojo en agua fría. Retirar la parte dura de los espárragos, saltearlos en la sartén a fuego medio, dándolos vuelta de vez en cuando. Mientras, poner las arvejas y el cuscús en un bol. Rallar bien fina la cáscara de limón por encima y cubrir con agua hirviendo. Tapar con un plato y dejar que se hinche.

Poner los espárragos en el plato y las almendras en la sartén, tostarlas hasta que estén ligeramente doradas y retirarlas. Con la base de la sartén, aplanar un poco la parte más gruesa de las pechugas de pollo. Clavar las broquetas de madera en las pechugas a intervalos regulares. Sazonar con una pizca de sal marina y de pimienta negra y untarlas con 1 cucharadita de aceite. Poner las pechugas de pollo en la sartén 10 minutos, o hasta que estén cocidas y doradas, pero todavía jugosas, dándolos vuelta cada 2 minutos. En el último minuto poner de nuevo los espárragos en la sartén para calentarlos.

Mientras, mezclar la pasta de tomates con el yogur y el jugo de medio limón hasta formar una salsa homogénea. Esponjar el cuscús con un tenedor, rociarlo con el jugo de limón restante y añadirle las hojas de menta finamente picadas. Probar y rectificar la sazón. Cortar el pollo entre las brochetas para obtener paletas, que mojaremos en la salsa de tomates y yogur y rebozaremos con las almendras. Servir el pollo con el cuscús y los espárragos.

CALORÍAS	GRASAS	GRASAS SATURADAS	PROTEÍNAS	CARBOHIDRATOS	AZÚCARES	SAL	FIBRA	2 PORCIONES VERDURA Y FRUTA
535 kcal	15,7 g	2,7 g	46,2 g	53,8 g	8,2 g	0,9 g	7,9 g	

GUISO JAPONÉS DE MISO CON TOFU, ALGAS, VERDURAS Y ACEITE DE AJÍ

En pequeñas cantidades (debido a su alto contenido de sal), las algas marinas secas son supernutritivas. Son muy ricas en yodo, un mineral esencial para que nuestra glándula tiroides funcione correctamente

PARA 2 PERSONAS
15 MINUTOS

2 cucharaditas colmadas de pasta
    de miso

un puñado de algas secas
    de calidad

4 cebollitas de verdeo

160 g de verduras variadas,
    como brócoli, espárragos,
    pak choi, acelgas chinas

160 g de hongos japoneses
    variados

200 g de tofu firme

125 g de fideos de arroz
    integrales

1 lima

1 cucharada de aceite de ají

Verter 1,2 litros de agua hirviendo en una cacerola a fuego medio-fuerte y añadir el miso y las algas. Limpiar las cebollitas de verdeo y cortarlas en rodajas finas. Lavar y limpiar las verduras, cortar el brócoli y los espárragos a lo largo y el pak choi y las acelgas en trozos pequeños. Añadir todo al caldo de miso, junto con los hongos enteros o en trozos. Cortar el tofu en dados y agregarlo. Dejar la cacerola en el fuego 5 minutos, hasta que todas las verduras estén cocidas al dente, pero sin que pierdan su color.

Mientras, hervir los fideos siguiendo las instrucciones del paquete, escurrirlos y verterlos en el caldo. Probar el guiso y rectificar la sazón con jugo de lima. Repartir en boles y servir con unas gotas de aceite de ají.

CALORÍAS	GRASAS	GRASAS SATURADAS	PROTEÍNAS	CARBOHIDRATOS	AZÚCARES	SAL	FIBRA	2 PORCIONES VERDURA Y FRUTA
322 kcal	13,2 g	2,3 g	20,1 g	30,2 g	3,5 g	1,5 g	7,8 g	

PASTA AL PESTO CON CHAUCHAS, BRÓCOLI Y ESPÁRRAGOS

En esta receta, utilizar pasta integral aumenta el consumo de fibra, y además aporta
otros micronutrientes esenciales, entre ellos hierro, que nuestro cerebro necesita para
funcionar correctamente

—

PARA 4 PERSONAS
20 MINUTOS

4 porciones de pesto
superrápido en porciones
(véase página 232)

700 g de verduras variadas,
como chauchas, brócoli y
espárragos

300 g de rigatoni o penne
integrales

½ limón

2 ramitas de albahaca fresca

30 g de parmesano

En caso de no tenerlo hecho, preparar un pesto superrápido en porciones (véase página 232). Cortar los extremos de las chauchas. Cortar los tallos de brócoli por la mitad, dejando enteras las flores. Retirar la parte dura de los espárragos y cortarlos por la mitad si son gruesos. Cocer la pasta en una cacerola grande con agua hirviendo y sal siguiendo las instrucciones del paquete. Añadir las chauchas 6 minutos antes de terminar la cocción de la pasta, el brócoli 3 minutos antes y los espárragos 2 minutos antes. Escurrir la pasta y las verduras reservando una taza del agua de cocción.

Poner de nuevo la pasta y las verduras en la cacerola vacía. Añadir el pesto y mezclar bien, diluyéndolo con un poco del agua de cocción reservada, si fuera necesario. Emplatar, rallar por encima la cáscara del limón y esparcir las hojas de albahaca. Espolvorear con el parmesano finamente rallado y servir.

CALORÍAS	GRASAS	GRASAS SATURADAS	PROTEÍNAS	CARBOHIDRATOS	AZÚCARES	SAL	FIBRA	2 PORCIONES VERDURA Y FRUTA
517 kcal	23,1 g	5,9 g	25,3 g	55,5 g	6,9 g	0,6 g	10,5 g	

CURRI DE SRI LANKA CON LANGOSTINOS, TAMARINDO, CHOCLO Y ARROZ CON ANANÁ

Los langostinos son magros y nos proporcionan una buena dosis de proteínas, y además
— contienen fósforo, muy importante para la buena salud de los huesos, como también lo —
es el manganeso, que obtenemos del ananá

PARA 6 PERSONAS
25 MINUTOS

450 g de arroz basmati

430 g de ananá en trozos
en conserva, con su jugo

2 cebollas moradas

un trozo de jengibre de 4 cm

1-2 ajíes picantes rojos
o amarillos frescos

un puñado pequeño
de hojas de curri

1 cucharadita colmada de curri
en polvo

2 cucharaditas colmadas
de semillas de mostaza negra

2 cucharaditas colmadas de pasta
de tamarindo

500 g de tomates maduros

400 g de leche de coco en conserva

175 g de choclos baby

700 g de langostinos congelados
grandes y pelados

6 cucharadas de yogur natural

Poner el arroz en una cacerola con el doble de su volumen de agua salada hirviendo. Añadir el ananá con su jugo y cocer tapado a fuego medio 12 minutos, o hasta que se haya absorbido el líquido, removiendo de vez en cuando.

Mientras, pelar las cebollas y cortarlas en dados, pelar el jengibre y picarlo fino y cortar los ajíes en finas láminas. Poner una cacerola grande antiadherente a fuego medio-fuerte con las hojas de curri, el curri en polvo y las semillas de mostaza. Al cabo de un minuto, incorporar las cebollas, el jengibre y los ajíes con la pasta de tamarindo y cocer todo 5 minutos, removiendo con frecuencia y añadiendo agua para evitar que se pegue, si fuera necesario. Picar y agregar los tomates, la leche de coco, los choclos baby y los langostinos y llevar a ebullición. Tapar y cocer a fuego lento de 8 a 10 minutos, o hasta que los langostinos estén hechos. Servir el curri acompañado con el arroz con ananá, añadiendo una cucharada de yogur en cada plato.

------------------------------- *Un extra de sabor* -------------------------------

Los langostinos frescos con cáscara son fáciles de preparar, si sabes cómo hacerlo. Pélalos y pasa el cuchillo por la parte posterior de cada uno, así quedarán en forma de mariposa cuando los cocines, y quítales la tripa. Separa las cabezas, échalas en la sartén para dar más sabor al plato y retíralas antes de servir. Si acudes a una buena pescadería, te los prepararán y tú solo tendrás que cocerlos.

CALORÍAS	GRASAS	GRASAS SATURADAS	PROTEÍNAS	CARBOHIDRATOS	AZÚCARES	SAL	FIBRA	2 PORCIONES VERDURA Y FRUTA
532 kcal	8 g	5 g	31,1 g	89,6 g	17,5 g	0,6 g	3,5 g	

TIRAS DE POLLO REBOZADAS CON PAN PITA, LECHUGA, TOMATES Y SALSA DE PALTA

¡Cómo nos gusta cuando los ingredientes se alían para maximizar su valor nutricional! — Aquí, la grasa de la palta y la del aceite nos ayudan a absorber la vitamina K de la lechuga, ya que esta es soluble en grasa —

PARA 4 PERSONAS
23 MINUTOS

6 panes pita integrales

4 pechugas de pollo
sin piel de 120 g

1 manojo de albahaca fresca
(30 g)

1 huevo grande

2 dientes de ajo

20 g de parmesano

1 limón

4 cucharadas colmadas
de yogur griego

1 palta madura

salsa tabasco chipotle

aceite de oliva extra virgen

2 lechugas baby

320 g de tomates cherry
maduros

Precalentar el horno a 200 °C. Cortar en trozos y triturar 2 panes de pita hasta convertirlos en pan rallado. Verterlo en una bandeja plana y reservar. Cortar el pollo a lo largo en tiras de 1 cm y ponerlas en un bol grande. Añadir a la licuadora la mitad de la albahaca con el huevo y los ajos pelados, el parmesano y la cáscara de limón rallados y el jugo de limón. Sazonar con una pizca de sal marina y de pimienta negra y triturar todo. Volcar la mezcla encima del pollo y remover para que la carne se impregne de los sabores.

Rebozar las tiras de pollo en tandas con el pan de pita rallado hasta que estén bien cubiertas. Ponerlas en una fuente grande y hornearlas de 15 a 18 minutos, o hasta que estén doradas y cocidas, dándolos vuelta a mitad de la cocción.

Mientras, enjuagar el recipiente de la licuadora, poner adentro casi toda la albahaca restante y el yogur. Pelar la palta, retirar el carozo y añadirla. Triturar para formar una salsa lisa. Repartir entre los platos y sazonarla con unas gotas de salsa tabasco chipotle y aceite. Tostar el resto de las pitas, separar las hojas de las lechugas y cortar por la mitad los tomates cherry. Repartir todo en los platos con las tiras de pollo, y adornarlo con el resto de la albahaca.

Sé previsor

Haz el adobo, mézclalo con el pollo y déjalo toda la noche en la heladera para que los sabores penetren bien; al día siguiente, reboza el pollo con el pan rallado.

CALORÍAS	GRASAS	GRASAS SATURADAS	PROTEÍNAS	CARBOHIDRATOS	AZÚCARES	SAL	FIBRA	2 PORCIONES VERDURA Y FRUTA
520 kcal	15,5 g	5,2 g	47,2 g	48,3 g	8,1 g	1,5 g	7,2 g	

4 RECETAS SUPERFÁCILES DE PASTA CON SALSA DE TOMATE Y 7 VERDURAS - PARTE 1

¿A quién no le gusta la pasta con una buena salsa? Es una comida sencilla que se puede improvisar. Contágiate de su magia con estas combinaciones clásicas, y triunfa con mi supernutritiva salsa de tomate con 7 verduras

CADA UNA PARA 2 PERSONAS
12 MINUTOS

ESPÁRRAGOS, ARVEJAS Y MENTA

Cocer **150 g de penne integrales** en una cacerola con agua hirviendo salada siguiendo las instrucciones del paquete. Mientras, retirar las partes duras de **1 manojo de espárragos** (350 g), cortarlos en trozos de 2 cm y freírlos en una sartén grande antiadherente a fuego medio con **1 cucharadita de aceite de oliva**. Al cabo de 2 minutos, añadir **150 g de arvejas congeladas** y **300 ml de salsa de tomate y 7 verduras** (véase página 234) y cocer a fuego lento hasta que la pasta esté lista. Picar finamente las hojas de **2 ramitas de menta fresca** y rallar **20 g de parmesano**. Escurrir la pasta, reservando una taza del agua de cocción. Mezclar la pasta con la salsa, la menta picada y el parmesano rallado, diluyendo la salsa con un poco del agua de cocción reservada, si fuera necesario. Repartir entre los platos, ¡y al ataque!

PANCETA, ROMERO Y ACETO BALSÁMICO

Cocer **150 g de fusilli integrales** en una cacerola con agua hirviendo salada siguiendo las instrucciones del paquete. Mientras, cortar **2 fetas de panceta ahumada** en trocitos y freírlos en una sartén grande antiadherente a fuego medio con **1 cucharadita de aceite de oliva** hasta que estén dorados. Añadir una pizca de pimienta negra, las hojas de **2 ramitas de romero fresco** y retirar todo al cabo de 1 minuto, dejando la grasa en la sartén. Agregar **300 ml de salsa de tomate y 7 verduras** (véase página 234) con **2 cucharadas de aceto balsámico** y cocer hasta que la pasta esté lista. Escurrir la pasta, reservando una taza del agua de cocción. Mezclar la pasta con la salsa, que puede diluirse con un poco del agua de cocción reservada, si fuera necesario. Repartir los fusilli entre los platos, rallar **20 g de parmesano** encima y esparcir en cada uno un poco de panceta crujiente.

4 RECETAS SUPERFÁCILES DE PASTA CON SALSA DE TOMATE Y 7 VERDURAS - PARTE 2

Algo tan sencillo como cambiar la pasta de harina blanca habitual por una variedad de trigo integral es un modo muy fácil de aumentar la ingesta de fibra, de la que muchos de nosotros tomamos demasiado poca día tras día

CADA UNA PARA 2 PERSONAS
12 MINUTOS

RICOTA, RÚCULA Y PIÑONES

Cocer **150 g de espaguetis integrales** en una cacerola con agua hirviendo salada siguiendo las instrucciones del paquete. Mientras, freír **2 cucharadas de ricota** en una sartén grande antiadherente a fuego medio con **2 cucharaditas de aceite de oliva**. Rallar finamente la cáscara de **1 limón**, añadir **2 cucharadas de piñones** y sofreír 1 minuto. Agregar **300 ml de salsa de tomate y 7 verduras** (véase página 234) y cocer a fuego lento hasta que la pasta esté lista. Escurrir la pasta, reservando una taza del agua de cocción. Mezclar la pasta con la salsa, diluyendo la salsa con un poco del agua de cocción reservada, si fuera necesario. Repartir la pasta entre los platos y esparcir en cada uno un puñado de **hojas de rúcula** aliñadas con limón, para terminar.

ATÚN, ALCAPARRAS Y LIMÓN

Cocer **150 g de conchiglie** en una cacerola con agua hirviendo salada siguiendo las instrucciones del paquete. Mientras, enjuagar **2 cucharaditas de alcaparras**, rehogarlas en una sartén grande antiadherente a fuego medio con **1 cucharadita de aceite de oliva** y la ralladura fina de **1 limón**, hasta que se doren; retirarlas dejando el aceite en la sartén. Verter en la sartén **300 ml de salsa de tomate y 7 verduras** (véase página 234) y jugo de limón a gusto. Agregar **1 lata de 120 g de atún al natural** escurrido y desmenuzado y **una pizca de canela en polvo**, incorporar **2 cucharadas de ricota** y cocer hasta que la pasta esté lista. Escurrir la pasta, reservando una taza del agua de cocción. Mezclar la pasta con la salsa, que se puede diluir con un poco del agua de cocción reservada, si fuera necesario. Repartir la pasta entre los platos y esparcir por encima las alcaparras.

CALORÍAS	GRASAS	GRASAS SATURADAS	PROTEÍNAS	CARBOHIDRATOS	AZÚCARES	SAL	FIBRA	2 PORCIONES VERDURA Y FRUTA
194 kcal	10 g	3 g	22 g	64 g	12 g	1 g	9 g	

ESTOS VALORES SON UN PROMEDIO DE LAS CUATRO RECETAS DE LA PÁGINA 54 A LA 57

ARROZ CON VERDURAS
Y HUEVOS CON SÉSAMO, TOFU Y AJÍ

Además de ser muy versátil y una gran fuente de proteínas vegetales, el tofu es rico
— en calcio, que nuestra sangre necesita para fabricar las enzimas indispensables para digerir —
adecuadamente los alimentos

PARA 2 PERSONAS
19 MINUTOS

aceite de maní

200 g de tofu firme

300 g de hongos exóticos
    variados

2 dientes de ajo

un trozo de jengibre de 4 cm

4 cebollitas de verdeo

150 g de chauchas japonesas

250 g de arroz basmati integral
    cocido

2 cucharaditas colmadas
    de semillas de sésamo

2 huevos grandes

salsa picante de ají

1 cucharada de salsa de soja baja
    en sodio

1 lima

Poner 1 cucharadita de aceite de maní en una sartén antiadherente a fuego medio-fuerte. Cortar el tofu en 4 trozos y dorarlo en la sartén. Poner otra sartén grande antiadherente a fuego fuerte. Añadir los hongos, los más grandes cortados por la mitad, y rehogarlos 5 minutos, hasta que estén dorados.

Mientras, pelar y cortar finos los ajos y el jengibre. Limpiar las cebollitas de verdeo, cortar en rodajas finas la parte verde y reservar, cortar el resto en trozos de 2 cm. Apartar los hongos a un lado de la sartén, añadir 1 cucharada de aceite de maní en la parte vacía y agregar los ajos, el jengibre y la parte blanca de las cebollitas de verdeo. Al cabo de 1 minuto, mezclar con los hongos, incorporar las chauchas japonesas y el arroz y rehogar 5 minutos.

Entretanto, dar vuelta el tofu, esparcir las semillas de sésamo en la sartén y agregar los huevos. Girar la sartén para extender los huevos, agregar la parte verde de las cebollitas de verdeo y la salsa de ají. Tapar y dejar cocinar 4 minutos. Mezclar la salsa de soja con el arroz y servirlo con los huevos con tofu y sésamo, y unos gajos de lima al lado para exprimir por arriba.

CALORÍAS	GRASAS	GRASAS SATURADAS	PROTEÍNAS	CARBOHIDRATOS	AZÚCARES	SAL	FIBRA	2 PORCIONES VERDURA Y FRUTA
514 kcal	23,7 g	5,3 g	26,8 g	51,8 g	6,7 g	0,9 g	5,5 g	

KEBABS DE TERNERA
CON ENSALADA CRUJIENTE, FETA Y PITA

La carne de ternera nos aporta vitaminas B, que nuestro metabolismo y nuestro sistema
— nervioso necesitan, mientras que el repollo, la menta y la granada nos aportan vitamina C, —
que nos ayuda a absorber el hierro de la pita

PARA 4 PERSONAS
25 MINUTOS

500 g de carne magra
   de ternera picada

1 huevo grande

50 g de arándanos secos

50 g de pistachos sin cáscara

1 cucharadita colmada
   de garam masala

aceite de oliva

1 cebolla morada

2 limones

500 g de repollo o repollo
   colorado

1 zanahoria grande

1 granada

½ manojo de menta fresca (15 g)

4 pitas integrales

30 g de feta

4 cucharadas de yogur natural

Si se van a usar brochetas de madera, ponerlas en remojo unos minutos en agua fría. Precalentar el horno al máximo. En una picadora, triturar la carne, el huevo, los arándanos, los pistachos, el garam masala y una pizca de sal marina y de pimienta negra hasta que esté todo bien mezclado. Dividir la mezcla en cuatro partes iguales, con las manos húmedas apretar la carne y darle forma alrededor de las brochetas de madera o de metal. Disponer las brochetas en una fuente untada con aceite. Ponerlas a gratinar 10 minutos, o hasta que estén cocidas y doradas, dándolas vuelta a mitad de la cocción.

Pelar la cebolla y cortarla en rodajas finas, preferiblemente con la mandolina (¡usa la protección!) o con un buen cuchillo afilado, mezclarla con el jugo de limón y una pizca de sal en una fuente grande. Retirar y desechar las hojas exteriores y marchitas del repollo, cortarla en juliana, pelar la zanahoria y cortarla a lo largo en bastoncitos, disponer todo encima de la cebolla. Cortar la granada por la mitad, sujetar una mitad con los dedos boca abajo sobre la fuente y golpearla con una cuchara para hacer caer las semillas, y repetir la operación con la otra mitad. Picar las hojas de menta y esparcirlas por encima.

Tostar ligeramente los panes de pita, solo para calentarlos. Remover la ensalada y servirla con los kebabs, el queso feta desmenuzado y una cucharada de yogur.

CALORÍAS	GRASAS	GRASAS SATURADAS	PROTEÍNAS	CARBOHIDRATOS	AZÚCARES	SAL	FIBRA	2 PORCIONES VERDURA Y FRUTA
531 kcal	18,3 g	5,9 g	40,2 g	51,6 g	22,7 g	1,5 g	9,1 g	

PURÉ DE ARVEJAS Y ESPINACAS CON JAMÓN AHUMADO, PASTA, MENTA Y FETA

Esta sopa superrápida se hace con arvejas y espinacas, que solemos tener en el
— congelador. Estas dos verduras nos aportan vitamina C, que nos ayuda a absorber —
el tan importante hierro que contiene la pasta

PARA 4 PERSONAS
24 MINUTOS

1 manojo de cebollitas de verdeo

300 g de arvejas congeladas

300 g de espinacas congeladas
    en trozos

100 g de jamón ahumado

½ manojo de menta fresca (15 g)

300 g de fusilli integrales

50 g de feta

Limpiar las cebollitas de verdeo y ponerlas en una procesadora con las arvejas y las espinacas congeladas. Añadir el jamón en trozos y las hojas de menta y cubrir con 400 ml de agua hirviendo. Poner la tapa, envolver la procesadora con un paño de cocina y, sujetándola, triturar hasta obtener un puré homogéneo, parando de vez en cuando para limpiar las paredes de la procesadora, si fuera necesario. Verter el puré en una cacerola grande puesta a fuego fuerte y añadir 1,2 litros de agua hirviendo. Romper la pasta en trozos desiguales —la forma más fácil es ponerla en un paño de cocina y aplastarla con un rodillo— y agregarla al puré. Llevar todo a ebullición y luego dejar hervir a fuego lento hasta que la pasta esté cocida, removiendo con frecuencia y añadiendo agua si fuera necesario para aclararla. Probar el puré y rectificar la sazón.

Repartirlo entre los boles o tazas y cortar por encima el queso feta en finas tiras usando un pelador de verduras antes de servirla.

CALORÍAS	GRASAS	GRASAS SATURADAS	PROTEÍNAS	CARBOHIDRATOS	AZÚCARES	SAL	FIBRA	2 PORCIONES VERDURA Y FRUTA
418 kcal	9,01 g	3,3 g	26 g	61,1 g	10,1 g	1,5 g	11,8 g	

TRUCHA CRUJIENTE CON AVENA Y TOMILLO, RÁBANO PICANTE CON YOGUR, PATATAS Y VERDURAS

La sabrosa trucha tiene un alto contenido en vitamina B12, necesaria para producir glóbulos
— rojos y evitar que nos sintamos cansados; además, recibimos una buena porción de vitamina C —
de todas las verduras

PARA 2 PERSONAS
21 MINUTOS

400 g de papas pequeñas

150 g de zanahorias baby

200 g brócoli tierno

150 g de arvejas congeladas

2 cucharaditas de rábano picante
    rallado en conserva

2 cucharadas colmadas
    de yogur natural

1 limón

2 filetes de trucha de 120 g,
    escamados y sin espinas

aceite de oliva

½ manojo de tomillo fresco (15 g)

1 cucharada de avena

Cocer las papas en una cacerola grande con agua hirviendo salada de 15 a 20 minutos, o hasta que estén tiernas. Lavar o pelar las zanahorias, cortarlas por la mitad a lo largo y añadirlas a la cacerola los últimos 8 minutos. Limpiar el brócoli y agregarlo los últimos 5 minutos, y las arvejas, los últimos 2 minutos. Mezclar el rábano picante con el yogur y la mitad del jugo de limón y reservar.

Cuando falten unos minutos para terminar la cocción, poner una sartén grande antiadherente a fuego medio-fuerte. Rociar los filetes de pescado con 1 cucharadita de aceite y sazonarlos con una pizca de sal marina y de pimienta negra. Ponerlos en la sartén con la carne hacia abajo 2 minutos. Espolvorearlos con las hojas de tomillo y la avena, darlos vuelta y presionarlos con una espátula para que la piel esté toda en contacto con la sartén. Cocerlos de 4 a 6 minutos, o hasta que la piel esté supercrujiente (según el tamaño de los filetes), y apagar el fuego.

Escurrir las papas con las verduras y repartirlas en los platos. Hacer una cama de papas ligeramente aplastadas, luego disponer encima los filetes de trucha con la piel hacia arriba. Poner una cucharada de rábano picante con yogur, sazonarlo con una pizca de pimienta negra, y servir con gajos de limón, para exprimir por arriba.

CALORÍAS	GRASAS	GRASAS SATURADAS	PROTEÍNAS	CARBOHIDRATOS	AZÚCARES	SAL	FIBRA	2 PORCIONES VERDURA Y FRUTA
479 kcal	13,2 g	3,6 g	39,4 g	53,6 g	13,5 g	1,1 g	10,9 g	

MEJILLONES AL PESTO CON TOSTADAS, ZUCCHINIS, TOMATES Y ARVEJAS

Los mejillones son un miembro supernutritivo de la familia de los crustáceos, cuyos
— numerosos micronutrientes incluyen el yodo y el selenio, dos minerales importantes —
para mantener una función metabólica saludable

PARA 2 PERSONAS
14 MINUTOS

2 porciones de pesto
    superrápido en porciones
    (véase página 232)

2 rebanadas gruesas de pan
    integral (50 g cada una)

200 g de zucchinis baby

200 g de tomates cherry
    maduros, de colores variados

500 g de mejillones, limpios
    y sin barbas

160 g de arvejas frescas
    o congeladas

opcional: 50 ml de vino blanco

2 ramitas de albahaca fresca

En caso de no tenerlo hecho, preparar un pesto superrápido en porciones (véase página 232). Poner una sartén grande a fuego medio-fuerte y tostar el pan cuando la sartén esté bien caliente, dándolo vuelta en cuanto esté dorado. Limpiar los zucchinis y cortarlos en rodajas finas, partir los tomates cherry por la mitad. Revisar los mejillones, golpeando los que estén abiertos; si no se cierran, desecharlos. Untar las tostadas con media porción de pesto cada una.

Poner una cacerola a fuego fuerte con los mejillones. Añadir la porción de pesto restante, los zucchinis, los tomates y las arvejas. Agregar el vino (si se va a usar), o un buen chorro de agua. Tapar y dejar cocer al vapor de 3 a 4 minutos, sacudiendo la cacerola de vez en cuando. Cuando todos los mejillones se hayan abierto y estén jugosos, estarán listos. Si alguno no se ha abierto, tirarlo. Repartir los mejillones, las verduras y todos sus jugos entre dos boles grandes, esparcir las hojas de albahaca por encima y servirlos con las tostadas con pesto a un lado para mojar en la salsa.

CALORÍAS	GRASAS	GRASAS SATURADAS	PROTEÍNAS	CARBOHIDRATOS	AZÚCARES	SAL	FIBRA	3 PORCIONES VERDURA Y FRUTA
471 kcal	22,1 g	4,6 g	30,8 g	36,5 g	11,7 g	1,3 g	8,7 g	

SALTEADO AGRIDULCE
DE GERMINADOS, ANANÁ Y FIDEOS

Los germinados son superrápidos de cocinar, por lo que son perfectos en salteados como
— este. Además, tanto los de alfalfa como los de soja nos proporcionan una buena cantidad —
de ácido fólico, que nuestro cuerpo precisa para fabricar proteínas

PARA 2 PERSONAS
21 MINUTOS

100 g de fideos de arroz

230 g de ananá en trozos
en conserva con su jugo

2 cucharaditas colmadas
de maicena

1 cucharada de vinagre
de manzana

2 cucharaditas de salsa de soja
baja en sodio

2 cucharaditas de semillas
de sésamo

30 g de castañas de cajú

4 cebollitas de verdeo

2 dientes de ajo

un trozo de jengibre de 2 cm

1 ají picante rojo fresco

200 g de chauchas japonesas

aceite de maní

200 g de germinados, como
alfalfa, arvejas, soja

1 lima

En un bol, cubrir los fideos con agua hirviendo para rehidratarlos. Para hacer la salsa, escurrir el jugo del ananá en otro bol, mezclarlo con la maicena, el vinagre, la salsa de soja y 4 cucharadas de agua; reservar.

Poner un wok o una sartén grande a fuego fuerte y tostar ligeramente las semillas de sésamo, ponerlas en un bol pequeño. Añadir a la sartén sin grasa los trozos de ananá y, al cabo de 1 minuto, las castañas de cajú picadas gruesas. Limpiar las cebollitas de verdeo, cortarlas en rodajas de 2 cm y añadirlas a la sartén. Saltear todo y, mientras tanto, pelar los ajos y el jengibre, cortarlos en láminas finas junto con el ají (sin semillas, si se desea), y las chauchas japonesas en diagonal longitudinalmente. Añadir 1 cucharada de aceite de maní a la sartén, incorporar los ajos, el jengibre y el ají. Saltear 30 segundos, agregar las chauchas y los germinados más fuertes durante 1 minuto, y a continuación, la salsa. Llevar a ebullición uno o dos minutos hasta que la mezcla espese. Probar y rectificar la sazón.

Servir el salteado encima de los fideos escurridos. Poner de nuevo la sartén vacía en el fuego, verter un buen chorro de agua hirviendo, y con una cuchara de madera rascar el fondo para recuperar todos los jugos y desglasar la sartén, removiendo durante 1 minuto hasta que esta salsa espese, luego verterla sobre los fideos. Esparcir los germinados más delicados, como la alfalfa, y las semillas de sésamo tostadas en los platos, y servir con gajos de lima, para exprimir por arriba.

CALORÍAS	GRASAS	GRASAS SATURADAS	PROTEÍNAS	CARBOHIDRATOS	AZÚCARES	SAL	FIBRA	3 PORCIONES VERDURA Y FRUTA
492 kcal	16,7 g	3,1 g	14,8 g	70,7 g	20,4 g	0,6 g	4,4 g	

ENSALADA CREMOSA CON UVAS, ESTRAGÓN, POLLO Y CROUTONES

Todos los vegetales de esta colorida ensalada tienen un alto poder saciante y están repletos — de nutrientes; tanto el pepino como la lechuga contienen gran cantidad de agua y nos aportan — una buena dosis de vitamina K

PARA 4 PERSONAS

20 MINUTOS

4 rebanadas gruesas de pan
   integral (50 g cada una)

150 g de yogur natural

1 manojo de estragón fresco
   (30 g)

aceite de oliva extra virgen

60 g de jalapeños en conserva

325 g de choclo en conserva

2 morrones rojos grandes asados
   y pelados en salmuera

1 pepino

1 lechuga arrepollada

6 cebollitas de verdeo

200 g de uvas

320 g de pollo hervido
   (véase página 230)

40 g de feta

Precalentar el horno a 180 °C. Cortar el pan en dados de 1,5 cm, colocarlos en una fuente en una sola capa y hornearlos durante 15 minutos, o hasta que estén dorados y crujientes, removiendo de vez en cuando.

Mientras, en una licuadora, triturar el yogur, el estragón, 1 cucharada de aceite, los jalapeños y 2 cucharadas del jugo del frasco hasta obtener un aliño homogéneo. Probarlo y sazonarlo. Poner el choclo en un bol muy grande con su jugo, verter el aliño encima y mezclar todo. Escurrir los morrones y cortarlos en dados de 1 cm y añadirlos al bol. Cortar el pepino por la mitad a lo largo y retirar las semillas del centro, cortarlo en rodajas de 0,5 cm e incorporarlo al bol. Cortar la lechuga por la mitad y luego en cuadrados de 1,5 cm y añadirla también. Limpiar las cebollitas de verdeo y cortarlas en rodajas finas, cortar las uvas por la mitad, y agregar todo al bol.

Cortar en tiras o picar el pollo y mezclarlo con la ensalada hasta que todo quede bien cubierto con el aliño cremoso. Mezclar casi todos los croutones crujientes y disponer el resto encima, desmenuzar el queso feta y servir.

CALORÍAS	GRASAS	GRASAS SATURADAS	PROTEÍNAS	CARBOHIDRATOS	AZÚCARES	SAL	FIBRA	3 PORCIONES VERDURA Y FRUTA
475 kcal	15,5 g	4,9 g	34,7 g	47,3 g	19,1 g	1,3 g	7 g	

POLLO CON SÉSAMO, SALSA DE MANÍ, ENSALADA ASIÁTICA Y FIDEOS DE ARROZ

Además de darle un maravilloso toque crujiente a este sencillo plato, el repollo chino
— y las chauchas japonesas son una fuente de vitamina C, indispensable para fabricar vitamina E, —
que a su vez protege las células

PARA 2 PERSONAS
18 MINUTOS

100 g de fideos de arroz

2 pechugas de pollo sin piel,
    de 120 g cada una

aceite de maní

4 cebollitas de verdeo

½ repollo chino (150 g)

200 g de chauchas japonesas

½–1 ají picante rojo fresco

2 limas

1 cucharada de salsa
    de soja baja en sodio

1 cucharada de pasta
    de maní

2 cucharadas de yogur natural

un trozo de jengibre de 2 cm

2 cucharaditas de semillas
    de sésamo

Poner una plancha a fuego fuerte. En un bol, cubrir los fideos con agua hirviendo para rehidratarlos. Con un cuchillo afilado, cortar las pechugas de pollo por la mitad sin llegar al final y abrirlas como un libro. Untarlas una por una con 1 cucharadita de aceite de maní y una pizca de sal marina y de pimienta negra, y hacerlas a la plancha 8 minutos, o hasta que estén cocidas y doradas, dándolas vuelta a mitad de la cocción.

Limpiar las cebollitas de verdeo y cortarlas bien finas con una picadora o una mandolina. Cortar del mismo modo el repollo chino, las chauchas y el ají. Aliñar todo con el jugo de 1 lima y la salsa de soja. En un bol pequeño, mezclar la pasta de maní con el yogur y el jugo de la otra lima, pelar el jengibre y rallarlo fino encima, mezclar de nuevo y probar; rectificar la sazón.

Cortar el pollo sobre una tabla, tostar ligeramente las semillas de sésamo con el calor residual de la plancha y esparcirlas sobre el pollo antes de servirlo. Escurrir los fideos, repartirlos en los platos con el pollo, la ensalada y la salsa de maní, mezclar todo, ¡y al ataque!

CALORÍAS	GRASAS	GRASAS SATURADAS	PROTEÍNAS	CARBOHIDRATOS	AZÚCARES	SAL	FIBRA	2 PORCIONES VERDURA Y FRUTA
489 kcal	12,9 g	3,3 g	40 g	52 g	8,5 g	1,3 g	3,3 g	

CLÁSICOS SALUDABLES

Todos nuestros mejores clásicos de siempre,
renovados y con superalimentos

SUPERPASTEL DE CARNE
CON PURÉ DE NABOS Y PAPAS

La carne magra de cordero picada resulta deliciosa en esta receta, y además nos aporta
— una buena dosis de vitamina B12, que mantiene sanos nuestros sistemas inmunitario —
y nervioso y evita las caídas del nivel de energía

PARA 6 PERSONAS
2 HORAS 15 MINUTOS

500 g de carne magra
    de cordero picada

2 ramitas de romero fresco

400 g de porotos blancos
    en conserva

2 cebollas

2 zanahorias

2 ramas de apio

250 g de hongos portobello

1 cucharada colmada de harina

800 ml de caldo de pollo
    o de verduras

800 g de nabos

800 g de papas

2 cucharadas de leche
    semidescremada

15 g de queso cheddar curado

1 cucharada de salsa
    Worcestershire

1 cucharadita de salsa de menta

350 g de arvejas congeladas

Poner la carne picada en una cacerola fría a fuego fuerte. Añadir una pizca de pimienta negra y rehogarla 15 minutos, o hasta que esté bien dorada, removiéndola con una cuchara de madera. Picar finas las hojas de romero, escurrir los porotos y poner todo en la cacerola. Cocer 8 minutos removiendo, o hasta que los porotos empiecen a romperse y se oscurezcan. Pelar las cebollas, las zanahorias y el apio, limpiar los hongos con un paño húmedo y picar todo fino con un cuchillo o en la picadora. Añadir a la cacerola y rehogar 10 minutos a fuego medio-fuerte, removiendo de vez en cuando. Agregar la harina y luego el caldo. Llevar a ebullición y cocer a fuego lento tapado durante 30 minutos.

Mientras, precalentar el horno a 180 °C. Lavar los nabos y las papas (dejando la cáscara para que tengan más propiedades nutricionales) y cortarlos en rodajas de 3 cm. Cocer los nabos en una cacerola grande con agua hirviendo salada 10 minutos, añadir las papas y cocer 10 minutos más, o hasta que se ablanden. Escurrir, hacer un puré con la leche y el queso rallado, y rectificar la sazón.

Comprobar la consistencia de la carne picada: tiene que quedar más blanda de lo deseado, porque luego se espesará en el horno. Añadir la salsa Worcestershire y la de menta, probar y rectificar la sazón. Esparcir las arvejas sobre la carne picada, dejándolas en la superficie para que al poner el puré no se hunda demasiado. Ir colocando cucharadas de puré encima, dejando marcas y formando montañitas con un tenedor, para obtener más superficie y niveles diferentes que le darán un toque crujiente al gratinarse. Hornear el pastel durante 50 minutos, o hasta que esté dorado y bien caliente. Es fantástico si lo acompañas con verduras de estación.

CALORÍAS	GRASAS	GRASAS SATURADAS	PROTEÍNAS	CARBOHIDRATOS	AZÚCARES	SAL	FIBRA	4 PORCIONES VERDURA Y FRUTA
436 kcal	12,2 g	5 g	31,2 g	51,2 g	15,2 g	0,4 g	11,8 g	

SUPERHAMBURGUESAS ITALIANAS CON CEBOLLAS AL ACETO, MOZZARELLA Y ENSALADA DE REPOLLO

El secreto consiste en utilizar carne magra de ternera, que contiene muchas proteínas,
— complementada con los porotos blancos, ricos en fibra. ¡E incluso podremos disfrutar de un —
poco de mozzarella!

PARA 6 PERSONAS
40 MINUTOS

2 cebollas moradas pequeñas

100 ml de aceto balsámico

500 g de carne magra
    de ternera picada

400 g de porotos blancos
    en conserva

1 huevo grande

6 pancitos integrales

2 cucharadas de semillas
    de sésamo

½ repollo pequeño (500 g)

3 cucharadas de yogur natural

1 cucharadita de mostaza

1 cucharadita ají molido

1 limón

aceite de oliva

1 bola de mozzarella de 125 g

2 ramitas de romero fresco

2 tomates maduros

100 g de rúcula

Precalentar el horno a 200 °C. Pelar las cebollas, cortarlas en rodajas finas y ponerlas en un bol con el aceto balsámico y una gran pizca de sal para eliminar el exceso de agua (luego se escurre el líquido con toda la sal).

Poner la carne picada en un bol con una buena pizca de pimienta negra y una pizca de sal, los porotos escurridos y la yema del huevo. Trabajar todo junto con las manos limpias. Batir la clara de huevo, abrir los pancitos por la mitad, cerrarlos de nuevo y pintar la tapa con la clara de huevo. Esparcir por encima una capa uniforme de semillas de sésamo (incluso puedes hacer plantillas con dibujos si quieres que los niños participen).

Limpiar el repollo y cortarlo muy fino, mejor con la mandolina (¡usa la protección!). En un bol grande, mezclar el repollo con el yogur, la mostaza, el ají molido, el jugo de limón y una pizca de pimienta negra.

Dividir la mezcla para hamburguesas en seis bollos iguales. Poner dos sartenes antiadherentes grandes que puedan ir al horno a fuego medio-fuerte con 1 cucharadita de aceite cada una (o cocerlas en tandas). Poner tres bollos en cada sartén, aplastarlos para formar hamburguesas de unos 2 cm de grosor, cocer 2 minutos, o hasta que estén doradas, darlos vuelta. Disponer una rodaja de mozzarella encima de cada hamburguesa y las hojas de romero alrededor. Introducir en el horno 2 minutos hasta que la mozzarella se derrita, junto con los pancitos para que se calienten. Cortar los tomates en rodajas y repartirlos entre las bases de los pancitos. Poner las hamburguesas con el queso encima, el romero y las cebollas escurridas, tapar con la parte superior del pancito, mezclar la ensalada de repollo con la rúcula y servir.

CALORÍAS	GRASAS	GRASAS SATURADAS	PROTEÍNAS	CARBOHIDRATOS	AZÚCARES	SAL	FIBRA	2 PORCIONES VERDURA Y FRUTA
446 kcal	15,6 g	6 g	34,5 g	38,6 g	11,3 g	1,5 g	10 g	

FAJITAS DE POLLO CON BERENJENAS Y MORRONES ASADOS

La clave para convertir unas fajitas en un superalimento es utilizar únicamente pechugas
— de pollo, pues son muy magras y una gran fuente de proteínas, que mantienen nuestros —
músculos fuertes y sanos

PARA 4 PERSONAS

40 MINUTOS
MÁS EL MARINADO

aceite de oliva

1 cucharada de vinagre
   de vino tinto

1 cucharadita de salsa tabasco
   chipotle

1 cucharadita de orégano seco

2 cucharaditas de pimentón
   dulce ahumado

2 dientes de ajo

1 cebolla morada grande

2 pechugas de pollo sin piel,
   de 200 g cada una

3 morrones de distintos colores

1 berenjena grande

2 limas

1 manojo de cilantro fresco (30 g)

1 palta madura

4 tortillas grandes integrales con
   semillas

50 g de feta

Poner 1 cucharada de aceite en un bol con el vinagre, la salsa tabasco chipotle, el orégano, el pimentón dulce y una pizca de sal marina y de pimienta negra. Aplastar el ajo sin pelar con un prensador de ajos, añadir la pulpa y mezclar todo. Pelar la cebolla, cortarla por la mitad y luego en cuñas de 1 cm, cortar el pollo a lo largo en trozos de 1 cm de grosor y poner todo en la marinada. Reservar en la heladera como mínimo 1 hora, o preferentemente toda la noche.

Asar los morrones enteros y la berenjena directamente en la llama de las hornallas, o en una plancha a fuego fuerte, hasta que se ennegrezcan y la piel se levante. Poner los morrones en un bol, cubrirlos con film transparente 10 minutos, pelarlos eliminando las semillas y el tallo. Pelar la berenjena y retirar los dos extremos. Cortar todo en rodajas de 2 cm, poner en una fuente y aliñar con el jugo de 1 lima y unas hojas de cilantro. Probar y rectificar la sazón.

Rehogar el pollo y las cebollas con la marinada en una sartén grande antiadherente a fuego medio-fuerte de 6 a 8 minutos, o hasta que estén hechos, dándolos vuelta a la mitad de la cocción. Pelar la palta, descarozarla, cortarla en rodajas finas y exprimir por encima el jugo de media lima. Calentar las tortillas en una sartén sin grasa 30 segundos, mantenerlas calientes tapadas con un paño limpio. Llevar todo a la mesa, con el queso feta y el resto de las hojas de cilantro, y dejar que cada uno se prepare su fajita.

CALORÍAS	GRASAS	GRASAS SATURADAS	PROTEÍNAS	CARBOHIDRATOS	AZÚCARES	SAL	FIBRA	2 PORCIONES VERDURA Y FRUTA
448 kcal	16,4 g	5,1 g	34,1 g	39,4 g	11,1 g	1,5 g	10,7 g	

PASTEL DE SALMÓN Y LANGOSTINOS CON PURÉ DE BATATA Y PAPA

Tanto el salmón como los langostinos son muy ricos en vitamina B12, que necesitamos para
— la función psicológica, es decir, para pensar correctamente, y además el salmón es una —
fuente de grasas saludables para el corazón

PARA 6 PERSONAS
1 HORA 20 MINUTOS

1 feta de panceta ahumada

aceite de oliva

1 zanahoria grande

1 manojo de cebollitas de verdeo

½ manojo de perejil fresco (15 g)

2 cucharadas de harina

600 ml de leche semidescremada

2 cucharaditas
   de mostaza inglesa

400 g de espinacas congeladas
   en trozos

4 filetes de salmón de 120 g
   cada uno, sin piel y sin espinas

200 g de langostinos
   crudos pelados

400 g de arvejas congeladas

125 g de feta

600 g de batatas

600 g de papas

Precalentar el horno a 180 °C. Cortar la panceta muy pequeña y, en una fuente de horno (30 cm x 35 cm) con 1 cucharadita de aceite, saltearla a fuego medio (ponerla en la fuente fría para que suelte toda la grasa). Limpiar la zanahoria y las cebollitas de verdeo, cortarlas en dados de 1 cm y añadirlas a la fuente cuando la panceta esté ligeramente dorada. Picar finamente los tallos de perejil y agregarlos. Rehogar 10 minutos, hasta que se ablanden las verduras, removiendo con frecuencia, luego incorporar la harina. Verter la leche de a poco, levantar el hervor, añadir la mostaza y las espinacas congeladas. Cocer a fuego lento de 5 a 10 minutos, o hasta que las espinacas se descongelen. Trocear el salmón, cortar los langostinos por la mitad, picar finamente las hojas de perejil y mezclar todo con la salsa y las arvejas congeladas, desmenuzar el queso feta por arriba y apagar el fuego.

Mientras, lavar las batatas y las papas (dejando la cáscara para que tengan más propiedades nutricionales) y cortarlas en rodajas de 3 cm. Cocerlas en una cacerola grande con agua hirviendo salada 15 minutos, o hasta que estén tiernas, escurrirlas y hacer con ellas un puré. Probar y rectificar la sazón. Poner el puré a cucharadas sobre el relleno del pastel de pescado, extendiéndolo con un tenedor. Hornear 40 minutos, o hasta que la superficie esté dorada y crujiente, y los bordes empiecen a borbotear.

CALORÍAS	GRASAS	GRASAS SATURADAS	PROTEÍNAS	CARBOHIDRATOS	AZÚCARES	SAL	FIBRA	3 PORCIONES VERDURA Y FRUTA
537 kcal	17,8 g	6 g	39 g	58,2 g	16 g	1,5 g	9,6 g	

BOCATA SALUDABLE DE BATATA CON QUESO, PALTA Y KÉTCHUP

Como por arte de magia, utilizar pan integral, más rico en fibra, y hacer un kétchup bajo
— en sal y sin azúcares añadidos pero repleto de vitamina C transforma en un superalimento —
el sándwich con batatas, normalmente cargado de calorías y sal

PARA 2 PERSONAS
40 MINUTOS

1 batata grande (350 g)

aceite de oliva

1 cucharada de vinagre
de manzana

1 cucharada de almendras
molidas

10 g de queso cheddar

3 tomates maduros

2 cucharaditas de salsa
tabasco chipotle

½ manojo de albahaca
fresca (15 g)

½ palta madura

½ lima

2 cucharadas colmadas de yogur
natural

4 rebanadas delgadas
de pan integral (35 g cada una)

Precalentar el horno a 200 °C. Lavar la batata (dejando la cáscara para que tenga más propiedades nutricionales) y cortarla en ocho trozos. En una fuente de horno, mezclarla con 1 cucharada de aceite, el vinagre y una pizca de sal marina, disponerla en una capa y hornearla 30 minutos, o hasta que esté tierna y dorada. Esparcir las almendras y el queso rallado por encima y poner la fuente de nuevo en el horno 5 minutos más.

Mientras, marcar una cruz en la piel de cada tomate y cubrirlos con agua hirviendo en un bol. Al cabo de 2 minutos, escurrirlos, pelarlos, cortarlos en cuatro y retirar las semillas. Poner la pulpa en una cacerola a fuego medio-suave con 1 cucharada de aceite y la salsa tabasco chipotle. Cocer lentamente 15 minutos, o hasta que la salsa espese y se caramelice, removiendo de vez en cuando.

Machacar las hojas de albahaca en un mortero con una pizca de sal marina. Pelar la palta, descarozarla y machacarla en el mortero, mezclar todo con un chorrito de jugo de lima y el yogur. Extender la mezcla de palta sobre las rebanadas de pan, como si fuera manteca y poner la salsa de tomate en dos de las rebanadas. Disponer encima una fila de batata con queso, tapar con las otras rebanadas de pan, ¡y a comer!

CALORÍAS	GRASAS	GRASAS SATURADAS	PROTEÍNAS	CARBOHIDRATOS	AZÚCARES	SAL	FIBRA	2 PORCIONES VERDURA Y FRUTA
582 kcal	26,4 g	5,5 g	14,9 g	71,4 g	18,5 g	1,5 g	7 g	

TACOS DE POLLO CON POROTOS, PALTA, CHOCLO Y TOMATES CHERRY

— Tanto los porotos negros como la harina integral son ricos en hierro, que nuestro cuerpo necesita para la función cognitiva, básica en todo proceso intelectual de nuestro cerebro, desde la memoria hasta el razonamiento —

PARA 4 PERSONAS
30 MINUTOS

250 g de harina integral

aceite de oliva

1 cucharadita de semillas
   de comino

400 g de porotos negros
   en conserva

1 manojo de cebollitas de verdeo

1 manojo de cilantro fresco (30 g)

1 palta madura

2 choclos

320 g de pollo hervido
   (véase página 230)

220 g de tomates cherry
   maduros

2 limas

220 g de jalapeños en conserva

4 cucharadas colmadas
   de yogur natural

En un bol, mezclar la harina con 1 cucharada de aceite, 150 ml de agua y una pizca de sal marina, amasarla hasta que quede homogénea sobre la mesada limpia y espolvoreada con harina. Dividir la masa en doce bollos iguales y cubrirlos con un paño de cocina limpio y humedecido.

Tostar el comino en una sartén pequeña sin grasa a fuego medio 1 minuto. Añadir los porotos con su jugo y mientras se cocinan a fuego lento aplastarlos para hacer un puré. Limpiar las cebollitas de verdeo y cortarlas en rodajas finas junto con los tallos de cilantro. Pelar y descarozar la palta, cortar la pulpa en daditos, y separar los granos del choclo. Calentar todo en una sartén grande a fuego medio-suave con 1 cucharada de aceite. Trocear el pollo y añadirlo, removiendo de vez en cuando hasta que esté listo para servir.

Cortar los tomates cherry en cuatro y aliñarlos con el jugo de 1 lima. En una licuadora, triturar los jalapeños y su jugo con casi todas las hojas de cilantro hasta obtener una mezcla muy lisa, y verterla de nuevo en el frasco (solo hace falta 1 cucharadita por porción, se guarda el resto en la heladera).

Poner una sartén antiadherente a fuego máximo. Estirar un bollo de masa hasta obtener un círculo delgado de 15 cm de diámetro. Cocerlo 20 segundos de cada lado, hasta que quede blando y flexible. Estirar el siguiente bollo mientras la anterior tortilla se está cocinando, apilándolas entre papel de aluminio a medida que se van haciendo, para mantenerlas calientes y así todos puedan empezar a comer al mismo tiempo (o ir sirviéndolas a los comensales a medida se van haciendo). Llevar todo a la mesa, con el yogur y unos gajos de lima, para que cada uno se prepare su taco.

CALORÍAS	GRASAS	GRASAS SATURADAS	PROTEÍNAS	CARBOHIDRATOS	AZÚCARES	SAL	FIBRA	2 PORCIONES VERDURA Y FRUTA
600 kcal	22,6 g	5,2 g	39,9 g	60,7 g	8,2 g	0,8 g	14,3 g	

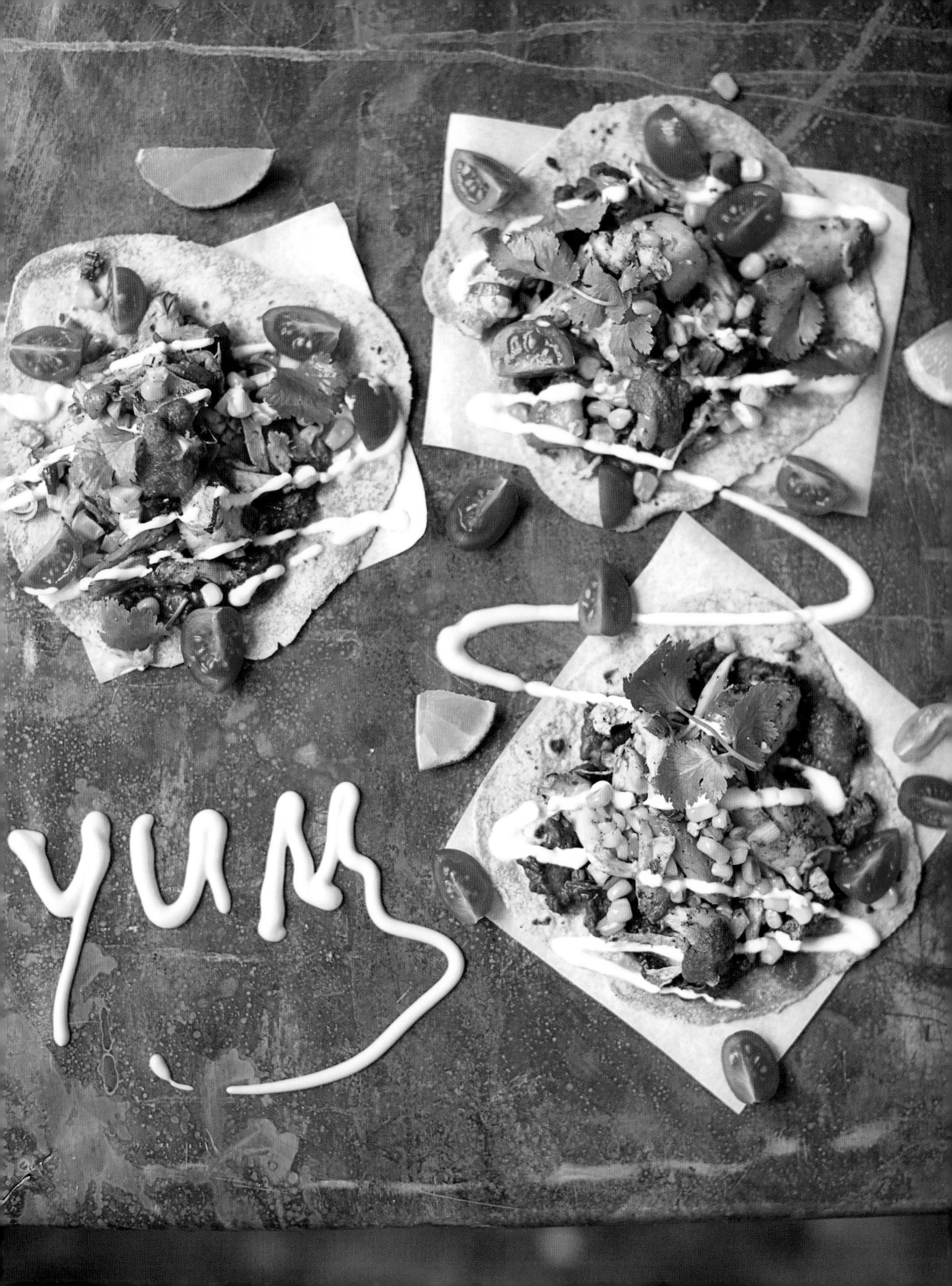
YUM

CHILI AHUMADO DE VERDURAS, LECHUGA Y PAPAS CON QUESO

— Utilizar cacao en polvo añade una deliciosa intensidad de sabor y mejora el poder nutritivo del plato, pues es rico en cobre, que necesitamos para mantener piel y cabello fuertes y sanos —

PARA 8 PERSONAS
1 HORA 45 MINUTOS

2 cebollas

aceite de oliva

1 cucharadita colmada
   de semillas de comino

2 cucharaditas colmadas
   de pimentón dulce ahumado

2 cucharaditas de cacao
   en polvo de calidad

1 cucharada colmada
   de pasta de maní

1-2 ajíes picantes rojos frescos

3 morrones grandes
   de distintos colores

2 batatas (300 g cada una)

1 manojo de cilantro fresco (30 g)

800 g de porotos pallares
   en conserva

1,2 kg de tomates perita en conserva

8 papas blancas pequeñas

140 g de queso cheddar

4 plantas de lechuga baby

8 cucharadas de yogur natural

Poner una cacerola grande a fuego medio-suave y, al lado, una plancha a fuego fuerte. La idea es trabajar en tandas, empezando por asar las verduras en la plancha, para darles un toque de sabor ahumado. Pelar las cebollas y cortarlas en dados de 1 cm, asarlas en la plancha 3 minutos, pasarlas a la cacerola con 2 cucharadas de aceite, el comino, el pimentón, el cacao y la pasta de maní, removiendo de vez en cuando. Cortar el ají en rodajas de 1 cm y ponerlo en la plancha. Cortar los morrones, sin las semillas, y las batatas en trozos de 2 cm (las batatas no se pelan para que tengan más propiedades nutricionales, solo hay que lavarlas). Asar todo y añadir a la cacerola. Picar finamente los tallos de cilantro y agregarlos.

Precalentar el horno a 180 °C. Escurrir los porotos en un colador encima de la cacerola para aprovechar su jugo, ponerlos en la plancha en una sola capa. Dejarlos sin remover hasta que empiecen a dorarse y romperse e incorporarlos a la cacerola. Incorporar los tomates, aplastándolos con una cuchara de madera. Remover bien, tapar a medias y cocer el guiso 1 hora, o hasta que espese, removiendo de vez en cuando. Mientras, lavar las papas, pincharlas y hornearlas 1 hora, o hasta que estén crujientes por fuera y blandas por adentro.

Justo antes de servir, picar finamente las hojas de cilantro y añadirlas al guiso, probar y rectificar la sazón. Cortar una cruz en la cáscara de cada papa, presionando la parte de abajo para que se abran. Rallar el queso y rellenar bien las papas. Separar las hojas de la lechuga. Servir las papas rellenas de queso con una buena porción de chile con verduras, unas hojas de lechuga y 1 cucharada de yogur.

CALORÍAS	GRASAS	GRASAS SATURADAS	PROTEÍNAS	CARBOHIDRATOS	AZÚCARES	SAL	FIBRA	5 PORCIONES VERDURA Y FRUTA
445 kcal	14,2 g	5,8 g	17,9 g	65,1 g	18,1 g	0,7 g	11 g	

POLLO KIEV CON PAPAS, ZANAHORIAS Y VERDURAS

Con un buen cambio de imagen he convertido uno de los favoritos de mi familia, el clásico
— pollo Kiev, en un superalimento, sustituyendo la habitual manteca del relleno por queso —
crema ligero, con un resultado muy satisfactorio

PARA 4 PERSONAS
45 MINUTOS

1 diente de ajo

50 g de queso crema

1 limón

30 g de parmesano

4 ramitas de perejil fresco

4 pechugas de pollo sin piel,
    de 120 g cada una

2 rebanadas de pan integral
    (50 g cada una)

aceite de oliva

50 g de harina

1 huevo grande

650 g de papas

650 g de verduras variadas,
    como zanahorias baby, arvejas,
    brócoli, chauchas japonesas

aceite de oliva extra virgen

Precalentar el horno a 200 °C. Para hacer el relleno, aplastar el ajo sin pelar con un prensador de ajos en un bol pequeño con el queso crema. Añadir la ralladura del limón, 5 g de parmesano y un chorrito de jugo de limón. Picar finamente las hojas de perejil, mezclar todo bien, probar y rectificar la sazón. Hacer un corte profundo en la parte más gruesa de cada pechuga de pollo. Con una cuchara, repartir el relleno entre los cuatro cortes y presionar los bordes para sellarlos.

En una picadora, triturar el pan con el resto del parmesano y 1 cucharada de aceite de oliva hasta obtener unas migas, y volcarlas en una fuente plana. Poner la harina en un plato y batir el huevo en un bol. Pasar una de las pechugas por la harina, sacudir el exceso, luego por el huevo batido, escurriendo el sobrante. Finalmente rebozarla con el pan rallado hasta que esté bien cubierta. Repetir el proceso con todas las pechugas (se pueden mantener en la heladera tapadas un par de días). Colocarlas en una bandeja de horno y asarlas 30 minutos, o hasta que estén cocidas y doradas.

Mientras, cocer las papas en una cacerola grande con agua hirviendo salada de 15 a 20 minutos, o hasta que estén tiernas. Lavar o pelar las zanahorias, cortarlas por la mitad a lo largo y añadirlas a la cacerola en los últimos 8 minutos. Cocer al vapor el resto de las verduras, en un colador encima de la cacerola, de 5 a 10 minutos, dependiendo del tipo de verduras. Escurrir todo, dejarlo reposar 2 minutos, y mezclarlo en un bol grande con 1 cucharada de aceite de oliva extra virgen y el jugo de limón restante. Rectificar la sazón a gusto. Servir las verduras y el pollo Kiev en los platos.

CALORÍAS	GRASAS	GRASAS SATURADAS	PROTEÍNAS	CARBOHIDRATOS	AZÚCARES	SAL	FIBRA	2 PORCIONES VERDURA Y FRUTA
527 kcal	16,4 g	4,9 g	45,7 g	50,9 g	7,5 g	0,8 g	8,4 g	

TORTITAS DE PESCADO Y BATATA CON ENSALADA, FETA Y SALSA DE MORRONES ROJOS

Es un acierto utilizar pescado blanco, ya que es bajo en grasa y al mismo tiempo
— supernutritivo. El bacalao, por ejemplo, está lleno de yodo, indispensable para —
mantener en forma la actividad cerebral

PARA 4 PERSONAS
1 HORA 10 MINUTOS

500 g de papas

500 g de batatas

2 morrones rojos

aceite de oliva extra virgen

2 cucharaditas de salsa tabasco
  chipotle

500 g de filetes de pescado
  blanco, sin piel y sin espinas

aceite de oliva

1 pepino

1 lechuga arrepollada

1 cucharadita colmada
  de mostaza inglesa

4 cucharadas colmadas
  de yogur natural

1 cucharada de vinagre
  de vino blanco

40 g de feta

½ manojo de menta fresca (15 g)

1 limón

Lavar las papas y las batatas (sin pelarlas para que tengan más propiedades nutricionales), cortarlas en rodajas de 3 cm y cocerlas en una cacerola con agua salada 15 minutos, o hasta que estén tiernas. Escurrirlas, secarlas, dejarlas enfriar y hacer un puré. Asar los morrones en la llama de las hornallas, o en una plancha a fuego fuerte, dándolos vuelta hasta que se ennegrezcan y la piel se levante. Ponerlos en un bol, taparlos con film transparente 10 minutos, pelarlos, retirar las semillas y los tallos. Picarlos y aliñarlos con 1 cucharada de aceite de oliva extra virgen y la salsa tabasco chipotle. Reservar.

Cortar el pescado en dados de 1 cm, mezclarlos con el puré ya frío con una pizca de sal marina y de pimienta negra. Dividir la mezcla en ocho bollos del mismo tamaño y aplastarlos para formar tortitas de 3 cm de grosor. Poner dos sartenes grandes antiadherentes a fuego medio-suave con 1 cucharada de aceite de oliva en cada una (o una sartén y hacer tandas). Freír cuatro hamburguesas de pescado en cada sartén, 5 minutos por cada lado, o hasta que se doren y estén hechas, girándolas con una espátula. Si se rompen o se agrietan un poco no importa, aunque no queden bonitas serán deliciosas.

Mientras, pelar el pepino, cortarlo por la mitad a lo largo y retirar las semillas del centro y cortarlo en rodajas de 0,5 cm. Retirar todas las hojas exteriores y mustias de la lechuga y cortarla en trozos de 1 cm. Poner todo en un bol, aderezarlo con la mostaza, el yogur y el vinagre, remover bien, probar, rectificar la sazón, y desmenuzar por encima el queso feta. Picar casi todas las hojas de menta y agregarlas. Servir las tortitas de pescado con la salsa y unas hojitas de menta arriba, con la ensalada y unos gajos de limón para aliñar.

CALORÍAS	GRASAS	GRASAS SATURADAS	PROTEÍNAS	CARBOHIDRATOS	AZÚCARES	SAL	FIBRA	3 PORCIONES VERDURA Y FRUTA
423 kcal	8,6 g	2,7 g	32,5 g	56,9 g	16 g	7 g	8,4 g	

PIZZETTA FÁCIL CON HINOJO, RÚCULA Y JAMÓN

Los días que no quieras cocinar, con estas falsas pizzettas superrápidas reconfortarás a toda
la familia. Hechas en parte con harina integral, aumentan la ingesta de fibra

PARA 2 PERSONAS
25 MINUTOS

100 g de harina integral
   con levadura

100 g de harina con levadura,
   y un poco más para espolvorear

6 cucharadas de salsa de tomate
   y 7 verduras (véase
   página 234)

½ zucchini

½ bola de mozzarella de 125 g

opcional: 1 ají picante rojo

1 bulbo de hinojo
   pequeño (250 g)

50 g de rúcula

1 limón

aceite de oliva extra virgen

2 fetas de jamón

1 cucharada de aceto balsámico

Precalentar el horno al máximo. Poner una sartén que pueda ir al horno a fuego fuerte. Disponer las harinas en un bol con una pizca de sal marina y, poco a poco, verter 150 ml de agua, removiendo hasta obtener un bollo de masa. Amasar durante 1 minuto sobre la mesada limpia espolvoreada con harina, dividir la masa en dos y estirar un trozo hasta que tenga un poco menos de 1 cm de espesor. Colocarlo en la sartén sin grasa, presionarlo con las puntas de los dedos para que se formen hoyuelos y cocerlo 3 minutos, o hasta empiece a dorarse por debajo. Untar con la mitad de la salsa de tomate y 7 verduras. Cortar el zucchini en rodajas muy finas y colocarlas en la pizzetta. Desmenuzar encima la mitad de la mozzarella y añadir unas rodajas de ají (si se desea). Poner la sartén en el horno y gratinar la pizzetta de 4 a 5 minutos, o hasta que se dore y el queso empiece a burbujear.

Mientras, limpiar el hinojo y cortarlo en tiras finas, preferiblemente con la mandolina o con un rallador. Mezclarlo con la rúcula, la mitad del jugo de limón y 2 cucharaditas de aceite en un bol. Repartir la ensalada entre dos platos y envolver cada porción con una feta de jamón. Retirar la pizza del horno y emplatarla, rociar el plato con la mitad del aceto balsámico y colocar un gajo de limón al lado. Sírvela a tu afortunado comensal, mientras tú te pones manos a la obra con la segunda.

Variación vegetariana
Elimina el jamón y añade unos cuantos piñones bajo
el queso, así no te faltarán proteínas.

CALORÍAS	GRASAS	GRASAS SATURADAS	PROTEÍNAS	CARBOHIDRATOS	AZÚCARES	SAL	FIBRA	2 PORCIONES VERDURA Y FRUTA
516 kcal	13,4 g	5,5 g	23,6 g	79,9 g	10,9 g	1,5 g	7,3 g	

EMPANADA DE FILO CON RATATOUILLE, RICOTA, ALBAHACA Y ALMENDRAS

— Las almendras aportan la porción de proteínas y son una fuente de grasas insaturadas que mantienen a raya el colesterol sanguíneo y, al mismo tiempo, el corazón sano —

PARA 4 PERSONAS
1 HORA 20 MINUTOS

aceite de oliva

2 cebollas moradas

2 morrones de distintos colores

2 zucchinis

1 berenjena grande

2 dientes de ajo

4 aceitunas negras (con carozo)

800 g de tomates pera
   en conserva

½ manojo de albahaca
   fresca (15 g)

6 hojas de pasta filo (270 g)

250 g de ricota

50 g de almendras molidas

Precalentar el horno a 180 °C. Poner una cacerola grande y ancha a fuego fuerte con 1 cucharada de aceite. Pelar las cebollas, quitar las semillas de los morrones, limpiar los zucchinis y la berenjena, y cortar todo en rodajas de 3 cm, poniéndolas en la cacerola a medida que se van preparando. Pelar el ajo, cortarlo en láminas bien finas y añadirlo. Descarozar las aceitunas y agregarlas en trozos a la cacerola. Cocer 20 minutos, removiendo con frecuencia, hasta que no quede agua. Agregar los tomates y llevarlos a ebullición, aplastándolos con una cuchara de madera. Hervir a fuego lento 15 minutos, o hasta que el guiso tenga una textura espesa. Añadir las hojas de albahaca, probar y rectificar la sazón.

Aceitar un molde de tarta de 25 cm. Extender cuatro hojas de pasta filo, superponiéndolas y dejando que sobresalgan del molde. Verter adentro la ratatouille, esparcir la ricota y espolvorear tres cuartas partes de las almendras. Arrugar ligeramente las dos hojas restantes de filo, disponerlas en la parte superior y doblar por encima la pasta sobrante, arrugándola de forma decorativa. Espolvorear la superficie con el resto de las almendras y hornear la empanada en la parte inferior del horno de 40 a 45 minutos, o hasta que esté dorada y crujiente. Servirla con una ensalada de estación aliñada con jugo de limón como acompañamiento.

CALORÍAS	GRASAS	GRASAS SATURADAS	PROTEÍNAS	CARBOHIDRATOS	AZÚCARES	SAL	FIBRA	5 PORCIONES VERDURA Y FRUTA
505 kcal	19,8 g	5,8 g	21,8 g	60,2 g	19,8 g	1,1 g	9 g	

ENSALADAS

Buenísimas ensaladas llenas
de color, con texturas
y sabores increíbles

ENSALADA DE PASTA CON ATÚN, FETA Y PAN RALLADO CRUJIENTE CON PIMIENTA DE CAYENA

El atún nos aporta una buena porción de vitamina D, que a su vez ayuda a nuestro
cuerpo a absorber el calcio del queso feta y del yogur natural que dan cremosidad
y sabor a esta ensalada

—   —

PARA 4 PERSONAS
25 MINUTOS

1 cebolla morada pequeña

2 limones

250 g de conchiglie

350 g de brócoli

1 rebanada de pan integral (50 g)

½ cucharadita de pimienta
   de cayena

1 pepino

½ manojo de ciboulette o eneldo
   fresco (15 g)

4 cucharadas de yogur natural

240 g de atún en conserva,
   al natural

50 g de feta

Pelar la cebolla y picarla fina, ponerla en un bol grande con una pizca de sal marina y de pimienta negra, exprimir encima todo el jugo del limón y reservar.

Cocer la pasta en una cacerola grande con agua hirviendo salada, siguiendo las instrucciones del paquete. Cortar el brócoli separando las flores de los tallos. Desechar la parte dura de los tallos, cortarlos por la mitad a lo largo y echarlos a la cacerola con la pasta para que se cocinen. Cortar las flores de brócoli en trocitos y añadirlos al agua en el último minuto, solo para no estén completamente crudos.

Mientras, triturar el pan y la pimienta de cayena en una picadora, tostar el pan rallado en una sartén antiadherente sin grasa a fuego medio hasta que esté dorado y crujiente, removiendo a menudo. Pelar el pepino, partirlo por la mitad, retirar las semillas del centro y cortarlo en rodajas finas. Picar finamente las hierbas. Mezclar el yogur con la cebolla, añadir el pepino y las hierbas. Escurrir la pasta y el brócoli, cortar pequeños los tallos de brócoli y añadir todo al bol con el aliño. Escurrir el atún y desmenuzarlo, mezclarlo bien con la ensalada, probarla y sazonar. Servir la ensalada en los platos y espolvorearla con el queso feta desmenuzado y el pan rallado crujiente caliente.

CALORÍAS	GRASAS	GRASAS SATURADAS	PROTEÍNAS	CARBOHIDRATOS	AZÚCARES	SAL	FIBRA	2 PORCIONES VERDURA Y FRUTA
411 kcal	6,2 g	2,7 g	33 g	58,9 g	8,8 g	1,5 g	6,4 g	

ENSALADA DE POLLO TANDOORI CON ALIÑO DE MENTA Y YOGUR Y PAPADAMS

— El arroz integral, base de esta receta, es uno de los alimentos imprescindibles en cualquier alacena por ser increíblemente nutritivo, pues es una abundante fuente de vitaminas y minerales, como el selenio, necesario para que el sistema inmunológico sea eficiente —

PARA 4 PERSONAS

45 MINUTOS

4 pechugas de pollo sin piel, de 120 g cada una

4 cucharaditas de pasta de curri tandoori

250 g de arroz integral

1 cebolla morada pequeña

1 cucharada de vinagre de vino blanco

½ manojo de menta fresca (15 g)

1 ají picante rojo

4 cucharadas colmadas de yogur natural

2 limones

1 cucharada de semillas de mostaza negra

1 cucharadita de semillas de comino

400 g de tomates cherry maduros, de colores variados

2 zanahorias

2 plantas de lechuga baby

4 papadams crudos

Con un cuchillo, marcar un dibujo entrecruzado en forma de rejilla en ambos lados de las pechugas de pollo, frotarlas con la pasta de curri tandoori y una pizca de sal marina para que el sabor penetre en la carne y reservarlas. Cocer el arroz en una cacerola grande con agua hirviendo salada, siguiendo las instrucciones del paquete, escurrirlo y dejarlo reposar en un bol grande. Pelar la cebolla, cortarla por la mitad y luego en rodajas lo más finas posible. En un bol, macerar con el vinagre y una pizca de sal marina.

En una licuadora, poner las hojas de menta, el ají laminado, el yogur, el jugo de 1 limón y el líquido de marinar la cebolla. Triturarlo hasta que esté homogéneo y verterlo de nuevo sobre la cebolla. Tostar las semillas de mostaza y de comino en una sartén grande antiadherente a fuego medio-fuerte y añadirlas al aliño. Freír el pollo 4 minutos de cada lado, o hasta que esté dorado, agregando el limón restante cortado por la mitad al dar vuelta el pollo. Disponerlo en una fuente, estrujarle encima las dos mitades de limón caramelizadas, dejar reposar un par de minutos y cortarlo.

Dividir los tomates cherry en dos o en cuatro y añadirlos al bol del arroz. Pelar las zanahorias, cortarlas en tiras finas y agregarlas también. Incorporar la cebolla y el aliño, mezclar todo, probar y rectificar la sazón. Disponer el arroz en el centro de una fuente grande. Limpiar las lechugas, separar las hojas y colocarlas alrededor de la ensalada con los trozos de pollo. Poner los papadams, de uno en uno, en el microondas 30 segundos para que se hinchen, romperlos, y colocarlos sobre la ensalada, ¡y a comer!

CALORÍAS	GRASAS	GRASAS SATURADAS	PROTEÍNAS	CARBOHIDRATOS	AZÚCARES	SAL	FIBRA	2 PORCIONES VERDURA Y FRUTA
507 kcal	10,6 g	2,2 g	39,3 g	70,5 g	12 g	1,5 g	5,7 g	

LA SUPERENSALADA ITALIANA DE JAMIE CON CEREALES, PALTA, BRÓCOLI Y HARISSA

La quinua y el arroz negro son la deliciosa base, con sabor a frutos secos y sin gluten,
— de esta superensalada, mientras que las semillas le dan un toque crujiente, además —
de aportarnos grasas insaturadas, saludables para el corazón

PARA 4 PERSONAS

30 MINUTOS

200 g de quinua

100 g de arroz negro

200 g de lentejas de Puy
en conserva

200 g de garbanzos en conserva

½ bulbo de hinojo

250 g de remolacha

50 g de kale

½ manojo de perejil fresco (15 g)

½ manojo de menta fresca (15 g)

1 cucharada de vinagre de jerez

aceite de oliva extra virgen

2 paltas maduras

100 g de brócoli tierno

150 g de ricota

4 cucharaditas de harissa

50 g de semillas variadas

½ granada

Cocer la quinua y el arroz en dos cacerolas con agua salada, siguiendo las instrucciones de los paquetes, escurrir. Escurrir las lentejas y los garbanzos, y mezclarlos con la quinua y el arroz en un bol grande. Laminar el hinojo bien fino, mejor con la mandolina (¡usa la protección!), escurrir y cortar en cuatro las remolachas y cortar en juliana el kale; añadir todo al bol. Remojar las hojitas más pequeñas de las hierbas en agua fría, picar el resto y agregarlas al bol con el vinagre, 2 cucharadas de aceite y una pizca de sal marina y de pimienta negra. Mezclar todo bien y repartirlo en los boles de servir.

Precalentar una plancha a fuego fuerte. Pelar, cortar por la mitad y descarozar las paltas, asarlas de 3 a 5 minutos. Mientras, limpiar los tallos de brócoli, escaldarlos 4 minutos en una cacerola con agua hirviendo y escurrirlos.

Poner media palta sobre cada ensalada, llenarla con la ricota, y apoyar el brócoli encima. Espolvorearlo con 1 cucharadita de harissa y las semillas. Partir la granada, sujetar una mitad boca abajo sobre la ensalada y golpearla para hacer caer los granos. Esta ensalada es deliciosa con unos trozos de pollo hervido (véase página 230) o de salmón con un poco de queso feta.

Variación de estación

Cuando sea temporada de las hermosas remolachas baby, consigue un manojo de distintos colores, ráscalas, límpialas, dales un hervor, luego pélalas, córtalas en cuartos y ásalas hasta que estén pegajosas, como hacemos en nuestros restaurantes.

CALORÍAS	GRASAS	GRASAS SATURADAS	PROTEÍNAS	CARBOHIDRATOS	AZÚCARES	SAL	FIBRA	3 PORCIONES VERDURA Y FRUTA
578 kcal	29,1 g	5,8 g	22,9 g	56,2 g	13,5 g	1 g	12,9 g	

ENSALADA DE FIDEOS Y LANGOSTINOS CON ALIÑO DE MARACUYÁ Y SEMILLAS DE SÉSAMO

Los langostinos nos proporcionan selenio, que la glándula tiroides requiere para funcionar
— correctamente y mantener los sistemas metabólicos en orden, de modo que podamos obtener —
todo lo que necesitamos de los alimentos que comemos

PARA 4 PERSONAS
30 MINUTOS

12–16 langostinos grandes con
   cáscara (550 g)

200 g de fideos de arroz

3 maracuyá

1 cucharada de salsa
   de soja baja en sodio

1 cucharadita de salsa de pescado

aceite de maní

aceite de oliva extra virgen

una pizca de pimienta de cayena

2 dientes de ajo

un trozo de jengibre de 2 cm

2 limas

400 g de espárragos, cebollitas de
   verdeo y zanahorias mezclados

100 g de germinados, como
   garbanzos o alfalfa

1 manojo de menta fresca (30 g)

2 cucharaditas de semillas
   de sésamo

4 cucharadas de yogur natural

Retirar la parte central de la cáscara de cada langostino, dejando la cabeza y la cola intactas. Con un cuchillo pequeño afilado, cortar el dorso y quitar la tripa (o pide a tu pescadero que lo haga). En un bol, cubrir los fideos con agua hirviendo para rehidratarlos.

Cortar los maracuyá por la mitad y poner las semillas en un bol grande. Añadir la salsa de soja y la de pescado, 1 cucharada de aceite de maní y otra de aceite de oliva extra virgen, y la pimienta de cayena. Aplastar el ajo sin pelar con un prensador de ajos. Pelar el jengibre y rallarlo, exprimir en el bol todo el jugo de lima, y mezclar bien. Poner 2 cucharadas de este aliño encima de los langostinos, remover y dejarlos marinar.

Preparar las verduras: retirar la parte dura de los espárragos, limpiar las cebollitas de verdeo y cortar todo fino, pelar las zanahorias y cortarlas en bastoncitos. Mezclar todo con el aliño restante y los germinados. Añadir las hojas de menta picadas, escurrir y agregar los fideos y removerlo bien todo.

Poner los langostinos marinados en una sartén antiadherente grande a fuego medio-fuerte, en una sola capa. Cocerlos 6 minutos, dándolos vuelta a la mitad de la cocción y espolvoreándolos con las semillas de sésamo al girarlos. Servir los langostinos con la ensalada de fideos, rascando las semillas de sésamo pegadas en el fondo de la sartén, y acompañados con una cucharada de yogur al lado.

CALORÍAS	GRASAS	GRASAS SATURADAS	PROTEÍNAS	CARBOHIDRATOS	AZÚCARES	SAL	FIBRA	2 PORCIONES VERDURA Y FRUTA
367 kcal	9,5 g	2 g	21,1 g	48 g	5,7 g	0,9 g	2,9 g	

ENSALADA ÁRABE CON PAQUETITOS DE CUSCÚS CRUJIENTE, NARANJA Y HARISSA

Las tres maravillosas naranjas aportan un toque colorido a esta ensalada y, por si esto fuera poco, — nos proporcionan la cantidad diaria recomendada de vitamina C, que nos ayuda a mantener — el sistema inmunológico en forma

PARA 4 PERSONAS
40 MINUTOS

150 g de cuscús integral

1 limón encurtido grande
o 2 pequeños

150 g de zanahorias baby

1 cebolla morada

4 cucharadas de vinagre
de vino blanco

½ manojo de menta fresca (15 g)

4 hojas de pasta filo (180 g)

4 cucharadas de yogur natural

2 cucharadas de pasta de maní
cremosa

1 lima

1 cucharadita colmada de harissa

aceite de oliva extra virgen

40 g de pistachos sin cáscara

3 naranjas o naranjas rojas

1 lechuga mantecosa

2 lechugas baby

Precalentar el horno a 180 °C. Poner el cuscús en un bol. Añadir el limón encurtido finamente picado retirando las semillas, cubrir el cuscús con agua hirviendo, taparlo y dejar que se hinche. Lavar las zanahorias y cortarlas a lo largo. Pelar la cebolla, cortarla por la mitad y en rodajas finas. Poner las dos verduras en un bol con el vinagre y una buena pizca de sal marina para eliminar el exceso de agua (luego se escurre el líquido, así que no te preocupes por la cantidad de sal).

Picar finamente casi todas las hojas de menta y mezclarlas con el cuscús, esponjándolo con un tenedor. Rectificar la sazón. Desenrollar la pasta filo y poner una cuarta parte del cuscús en medio de una hoja. Aplanar el cuscús y envolverlo con la pasta filo formando un paquetito cuadrado. Hacer otros tres paquetitos, ponerlos todos en una fuente y hornearlos durante 20 minutos, o hasta que estén dorados y crujientes (es una manera divertida de servir el cuscús que además le da textura a la ensalada). En un bol, mezclar el yogur, la pasta de maní, 2 cucharaditas de jugo del limón encurtido y el jugo de lima, aclarándolo con un poco de agua, si fuera necesario. Diluir la harissa con 1 cucharada de aceite en un bol pequeño. Machacar los pistachos en un mortero. Pelar las naranjas y cortarlas en rodajas delgadas. Lavar las lechugas, quitarles la base y cortar la lechuga mantecosa en cuatro y las lechugas baby por la mitad.

Para servir, repartir las lechugas en los platos y aliñarlas con el aderezo de yogur y maní. Escurrir las zanahorias y las cebollas y repartirlas, romper cada paquetito de pasta filo por la mitad y ponerlos en los platos con unas rodajas de naranja. Rociar los paquetitos con el aceite de harissa, esparcir los pistachos y las hojitas de menta restantes, mezclar todo, ¡y al ataque!

CALORÍAS	GRASAS	GRASAS SATURADAS	PROTEÍNAS	CARBOHIDRATOS	AZÚCARES	SAL	FIBRA	2 PORCIONES VERDURA Y FRUTA
573 kcal	20,6 g	4,2 g	19,3 g	78,6 g	25,4 g	1,4 g	9,9 g	

ENSALADA DE VERDURAS ASADAS CON CUSCÚS, TORTILLAS, FETA, MENTA, FRUTOS SECOS Y SEMILLAS

Aunque el queso feta es un ingrediente de alto contenido graso, utilizado en pequeñas cantidades como yo he hecho aquí puede ser saludable, pues es una fuente de cloruro, que a su vez nos ayuda a digerir los alimentos que ingerimos

PARA 4 PERSONAS
1 HORA

50 g de avellanas peladas

25 g de semillas de girasol y de sésamo

½ cucharadita de semillas de hinojo, ½ de semillas de comino, ½ de ají molido, y ½ de orégano seco

2 zucchinis de distintos colores

2 morrones de distintos colores

2 tomates corazón de buey

2 cebollas moradas

1 berenjena grande

100 g de cuscús integral

1 limón

1 cucharada de vinagre de manzana

aceite de oliva extra virgen

1 manojo de menta fresca (30 g)

4 tortillas integrales

4 cucharadas de yogur griego

50 g de feta

Tostar las avellanas, todas las semillas, el ají y el orégano en una sartén a fuego medio-fuerte hasta que desprendan sus aromas. Machacar todo en un mortero. En la misma sartén sin aceite, asar los zucchinis enteros, los morrones, los tomates, las cebollas peladas y la berenjena (usar dos sartenes si fuera necesario) hasta que la piel se ennegrezca, dándolas vuelta a menudo. Pasar las verduras a un bol grande a medida que se vayan haciendo. Mientras, poner el cuscús en un bol y rallar finamente la cáscara del limón por arriba. Cubrirlo con agua hirviendo, taparlo y dejar que se hinche.

Cuando las verduras estén templadas, quitar los trozos grandes y quemados de piel que salgan fácilmente, no importa si no se pueden pelar del todo. Retirar las semillas de los morrones, cortar todo en trozos del tamaño de un bocado y devolverlo al bol con los jugos que sueltan.

Aliñar con el jugo de limón, el vinagre, 2 cucharadas de aceite, sal, pimienta negra y la menta picada (guardar las hojas más pequeñas para decorar).

Calentar las tortillas en una sartén sin grasa 30 segundos. Esponjar el cuscús, mezclar con una parte de las verduras y servirlo con el resto de ellas, el yogur, el queso feta desmenuzado, la mezcla de semillas y la menta reservada. Esta ensalada queda deliciosa aliñada con salsa de ají.

Sal al aire libre

En los meses más cálidos, aprovecha la oportunidad de asar verduras en la parrilla y darles un sabor intenso y ahumado: ¡delicioso!

CALORÍAS	GRASAS	GRASAS SATURADAS	PROTEÍNAS	CARBOHIDRATOS	AZÚCARES	SAL	FIBRA	4 PORCIONES VERDURA Y FRUTA
568 kcal	25,3 g	6 g	20,7 g	64,2 g	17,4 g	1,5 g	20,7 g	

ENSALADA DE REPOLLITOS DE BRUSELAS, CÍTRICOS, SALMÓN, FETA Y AVELLANAS

— Los maravillosos repollitos de Bruselas son superricos en vitamina C, que necesitamos, junto con el fósforo del salmón y el cuscús, para mantener nuestros huesos fuertes y sanos —

PARA 4 PERSONAS
25 MINUTOS

300 g de cuscús integral

2 naranjas

1 limón

20 g de avellanas peladas

480 g de filete de salmón
    en un trozo, con piel,
    escamado y sin espinas

200 g de repollitos de Bruselas

100 g de kale colorado

150 g de zanahorias baby

2 manzanas grandes

1 manojo de cebollitas de verdeo

4 cucharadas de yogur natural

1 cucharada de mostaza
    de Dijon

20 g de feta

Poner el cuscús en un bol y mezclarlo con tiras de cáscara de naranjas y limón hechas con un pelador de verduras. Cubrirlo con agua hirviendo, taparlo con un plato y dejar que se hinche. Tostar las avellanas en una sartén pequeña sin grasa a fuego medio hasta que se doren, machacarlas ligeramente en un mortero y reservarlas. Poner de nuevo la sartén a fuego medio sin aceite y marcar el salmón con la piel hacia arriba 4 minutos, darlo vuelta y marcarlo, 4 minutos más. Retirar el salmón de la sartén, quitarle la piel y freírla hasta que esté crujiente.

Mientras, desechar las hojas exteriores y mustias de los repollos de Bruselas. Quitar los tallos duros del kale colorado, lavarlo junto con las zanahorias y las manzanas. Limpiar las cebollitas de verdeo. Cortar todo en rodajas bien finas con una picadora o con una mandolina, y ponerlo en un bol grande. Exprimir por arriba el limón y 1 naranja, añadir el yogur y la mostaza, mezclar y estrujar todo con las manos limpias, probar y rectificar la sazón.

Retirar las cáscaras de cítricos del cuscús, esponjarlo con un tenedor y repartirlo entre los platos. Poner una porción de ensalada de repollos en cada plato, desmenuzar el queso feta por arriba, esparcir las avellanas tostadas, repartir el salmón en láminas y la piel crujiente en pedacitos. Servir la ensalada con gajos de naranja para exprimir por arriba.

CALORÍAS	GRASAS	GRASAS SATURADAS	PROTEÍNAS	CARBOHIDRATOS	AZÚCARES	SAL	FIBRA	2 PORCIONES VERDURA Y FRUTA
598 kcal	20,4 g	4 g	38,8 g	68,7 g	15,8 g	0,6 g	9,3 g	

CUENCO DE BIBIMBAP COREANO DE ARROZ CON VERDURAS, CERDO Y SALSA PICANTE DE AJÍ

El solomillo, que es un corte magro del cerdo, permite no consumir demasiada grasa
— saturada y obtener una buena dosis de tiamina, un tipo de vitamina B que nuestro corazón —
necesita para funcionar

PARA 4 PERSONAS
1 HORA

2 cucharadas de semillas
de sésamo

300 g de arroz integral

1 saquitos de té verde a la menta

4 huevos grandes

1,2 kg de verduras crujientes
variadas, como zanahorias,
repollo chino, choclos baby,
chauchas, soja germinada

300 g de solomillo de cerdo
en un trozo

½ pepino

6 rábanos

1 cucharada de vinagre de arroz

2 cucharadas de salsa picante
de ají

1 cucharadita de salsa de soja
baja en sodio

1 lima

50 g de espinacas tiernas

1 paquete de berros

Tostar las semillas de sésamo en una cacerola honda hasta que empiecen a dorarse y reservarlas en un plato. Poner de nuevo la cacerola en el fuego, verter el arroz, añadir el saquito de té y una pizca de sal marina, cubrirlo con 4 litros de agua y cocerlo el tiempo indicado en el paquete. Cuando el agua empiece a hervir, enjuagar los huevos y añadirlos con cuidado para hacerlos pasados por agua, unos 5½ minutos o en el punto de cocción deseado. Retirar los huevos y poner un colador encima de la cacerola tocando el agua. Cortar las zanahorias en cintas con un pelador de verduras y en juliana el repollo chino. Mientras el arroz se cocina, introducir en el colador cada verdura por separado y hervirlas 1 o 2 minutos. Escurrirles el exceso de agua y colocarlas en un plato a medida que se van haciendo. Cortar el solomillo de cerdo muy fino y ponerlo en el colador de 3 a 4 minutos, o hasta que esté hecho.

Mientras finaliza la cocción del arroz, rascar la cáscara del pepino de arriba a abajo con un tenedor, y cortarlo en rodajas. Partir los rábanos por la mitad, y mezclar todo en un bol con el vinagre y una pizca de sal. En otro bol, mezclar la salsa de ají y la de soja con la ralladura y el jugo de media lima. Cortar la otra media en cuatro trozos, poner las espinacas en un montoncito, cortar los berros y pelar los huevos. Escurrir el arroz, reservando su caldo, que se puede servir en un vaso o copa como complemento nutritivo.

Servir todo en una fuente en el centro de la mesa para repartir entre los boles. La idea es que cada uno rompa su huevo y lo mezcle con el resto de los ingredientes antes de comérselo; es una manera divertida de probar distintas verduras, condimentos, sabores y texturas.

CALORÍAS	GRASAS	GRASAS SATURADAS	PROTEÍNAS	CARBOHIDRATOS	AZÚCARES	SAL	FIBRA	4 PORCIONES VERDURA Y FRUTA
572 kcal	15,3 g	3,8 g	33,9 g	79,4 g	18,4 g	0,7 g	9,4 g	

ENSALADA DE CÓCTEL DE GAMBAS Y PALTA CON PAPAS, VERDURAS Y BERROS

He dado un giro al cóctel de gambas tradicional utilizando yogur natural, que aporta una gran
— cantidad de bacterias beneficiosas para el intestino, y palta, que le da una rica cremosidad —
a la salsa, en lugar de la calórica mayonesa

PARA 4 PERSONAS
25 MINUTOS

350 g de gambas cocidas
   peladas, frescas o congeladas

800 g de papas pequeñas

1 palta madura

6 cucharadas colmadas
   de yogur natural

2 limones

½ manojo de albahaca
   fresca (15 g)

1 pepino

4 cebollitas de verdeo

½ lechuga arrepollada

200 g de tomates cherry
   maduros, de colores variados

2 paquetes de berros

aceite de oliva extra virgen

200 g de arvejas frescas

1 ají picante rojo

Si se usan gambas congeladas, dejarlas descongelar en la heladera toda la noche, o ponerlas en un bol con agua fría mientras se prepara todo lo demás, para ahorrar tiempo.

Cocer las papas en una cacerola grande con agua hirviendo salada de 15 a 20 minutos, o hasta que estén tiernas, escurrirlas y esperar que se sequen un poco. Aplastarlas en un bol grande y reservarlas. Mientras, pelar y descarozar la palta, poner la pulpa en una licuadora con el yogur y el jugo de 1 limón. Reservar un puñado pequeño de hojitas de albahaca en una taza con agua fría, añadir el resto del manojo a la licuadora y triturar todo hasta que esté homogéneo. Probar y rectificar la sazón, aclarándolo con un poco de agua, si fuera necesario.

Pelar el pepino, cortarlo por la mitad a lo largo, retirar las semillas del centro y cortarlo en rodajas finas. Limpiar las cebollitas de verdeo y cortarlas en rodajas finas. Cortar la lechuga por la mitad y luego bien fina. Partir los tomates cherry en cuatro. Cortar los berros. Añadir todo al bol de las papas y aliñarlo con 1 cucharada de aceite y el jugo del limón restante. Probar, rectificar la sazón, y repartir la ensalada entre los platos.

Escurrir bien las gambas, mezclarlas con 2 cucharadas de salsa y las arvejas frescas, remover bien. Repartir entre los platos, disponiendo la salsa restante encima. Cortar bien fino el ají y esparcirlo, a gusto, ¡y a comer!

CALORÍAS	GRASAS	GRASAS SATURADAS	PROTEÍNAS	CARBOHIDRATOS	AZÚCARES	SAL	FIBRA	3 PORCIONES VERDURA Y FRUTA
373 kcal	10,6 g	3,6 g	23,8 g	48,1 g	13,1 g	1,5 g	7,4 g	

ENSALADA TEMPLADA DE TRUCHA AHUMADA, PAPAS, REMOLACHA Y HUEVOS PASADOS POR AGUA

La trucha es una magnífica fuente de proteínas, que necesitamos para reparar y desarrollar
— los músculos. También nos aporta vitamina D, que les ayuda a funcionar, lo que convierte esta —
ensalada en una magnífica opción para después del gimnasio

PARA 4 PERSONAS
25 MINUTOS

800 g de papas

4 huevos grandes

200 g de chauchas finas

1 manojo de espárragos (350 g)

6 cucharadas colmadas
   de yogur natural

2 cucharadas de vinagre
   de vino blanco

3 cucharaditas de rábano
   picante rallado en conserva

1 manojo de ciboulette
   fresco (30 g)

1 limón

4 filetes de trucha ahumada
   de 70 g cada uno

100 g de remolachas crudas
   pequeñas de distintos
   colores

Para ahorrar tiempo y no tener que lavar tantos cacharros, mientras se cocinan las papas vamos a utilizar su agua de cocción, por lo que es importante sincronizar bien el tiempo. Lavar las papas, cortar por la mitad las más grandes y cocerlas en una cacerola grande con agua hirviendo salada de 15 a 20 minutos, o hasta que estén tiernas. Enjuagar los huevos, hervirlos en la misma cacerola 5½ minutos y sumergirlos en un bol con agua fría (puedes cocerlos más tiempo, si lo prefieres). Cortar los extremos de las chauchas y añadirlas durante los últimos 7 minutos, desechar las puntas duras de los espárragos y agregarlos los últimos 3 minutos.

Mientras, preparar el aliño mezclando el yogur, el vinagre y el rábano picante en un bol. Picar finamente el ciboulette, añadirlo casi todo y mezclar bien, verter un buen chorro de jugo de limón, probar y rectificar la sazón.

Escurrir las papas y las verduras y dejar que se sequen unos minutos. Cortar las papas en trozos pequeños, cortar las chauchas y los espárragos y mezclar todo con el aliño, disponerlo en una fuente grande o repartirlo en los platos. Trocear la trucha ahumada y ponerla encima, pelar y cortar en rodajas finas las remolachas, preferiblemente con la mandolina (¡usa la protección!) o con un pelador de verduras, y disponerlas por encima. Pelar los huevos, cortarlos por la mitad y repartirlos alrededor; esparcir el ciboulette reservado y rociar todo con el jugo de limón restante.

CALORÍAS	GRASAS	GRASAS SATURADAS	PROTEÍNAS	CARBOHIDRATOS	AZÚCARES	SAL	FIBRA	2 PORCIONES VERDURA Y FRUTA
386 kcal	12,3 g	3,4 g	30,9 g	40,4 g	10 g	1,3 g	5,8 g	

SUPERFUENTE DE ENSALADA CON PALTA, BATATAS, BRÓCOLI Y REMOLACHA

Tanto la quinua como las castañas de cajú son ricas en cobre, que nuestro cuerpo necesita
— para todo, desde hacer funcionar los sistemas inmunológico y nervioso hasta transportar —
el hierro de un modo eficiente

PARA 4 PERSONAS
1 HORA 20 MINUTOS

1 cucharadita de semillas
   de comino

2 batatas pequeñas
   (200 g cada una)

350 g de brócoli

aceite de oliva

25 g de castañas de cajú

25 g de semillas de calabaza, de
   girasol y de sésamo mezcladas

250 g de remolacha

2 cucharadas de aceto balsámico

aceite de oliva extra virgen

300 g de quinua

1 manojo de menta fresca (30 g)

1 limón

1 palta madura

6 cucharadas de yogur natural

1 paquete de berros

Precalentar el horno a 180 °C. Machacar las semillas de comino en un mortero y frotar con ellas las batatas lavadas. Poner las batatas en una fuente y asarlas en el horno 30 minutos. Mientras, cortar el tallo del brócoli, sin el extremo duro, en rodajas, cortar el resto en ramitos. Añadir todo a la fuente con 1 cucharada de aceite de oliva. Asar otros 30 minutos, o hasta que las batatas estén cocidas.

Tostar las castañas de cajú y las semillas en una sartén sin grasa a fuego medio hasta que se desprendan los aromas, y machacarlos en un mortero. Aplastar y machacar las remolachas adentro de una bolsa tanto como se pueda, cortar una esquina y verter el contenido en un bol con el aceto balsámico y 1 cucharada de aceite de oliva extra virgen. Mezclar todo, aplastando con un tenedor si fuera necesario. Cocer la quinua siguiendo las instrucciones del paquete, escurrirla bien. Picar finamente las hojas de menta (reservando las más pequeñas para decorar) y mezclarlas con la quinua, la ralladura de limón y su jugo. Rectificar la sazón.

Extender la quinua en una fuente grande. Cuando se hayan enfriado lo suficiente para manipularlas, cortar en rodajas las batatas y ponerlas encima junto con el brócoli. Cortar la palta por la mitad y, con una cucharita, ir sacando la pulpa y añadirla a la fuente. Agregar el yogur, las remolachas aliñadas, esparcir por arriba las castañas de cajú y las semillas tostadas, las hojas de menta reservadas y las hojas de los berros y servir.

CALORÍAS	GRASAS	GRASAS SATURADAS	PROTEÍNAS	CARBOHIDRATOS	AZÚCARES	SAL	FIBRA	3 PORCIONES VERDURA Y FRUTA
527 kcal	19,8 g	3,6 g	18,5 g	74,2 g	21,8 g	0,4 g	10 g	

SALMÓN CRUDO CON CRACKERS DE CENTENO, HINOJO, MANZANA, HABAS Y PALTA

— Las excelentes habas son una fuente de distintos minerales y vitaminas, entre ellos el ácido pantoténico, que mantiene en funcionamiento nuestro sistema metabólico y nos ayuda a evitar la sensación de cansancio —

400 g de filete de salmón muy
   fresco en un trozo, sin piel
   ni espinas

75 ml de jugo
   de manzana sin azúcar

2 limones

200 g de habas

1 bulbo de hinojo

1 palta madura

1 manzana

1 cucharadita de mostaza
   de Dijon

aceite de oliva extra virgen

opcional: ½ manojo
   de eneldo fresco (15 g)

4 crackers crujientes
   de centeno estilo sueco,
   o tostadas integrales

4 cucharaditas colmadas
   de queso crema

Cortar el salmón en fetas de algo menos de 1 cm de grosor, disponerlas en un plato llano y cubrirlas con el jugo de manzana. Exprimir por encima medio limón, sazonar con una pizca de sal marina y reservar. Esto servirá para marinar ligeramente el pescado.

Hervir las habas en una cacerola con agua 2 minutos, escurrirlas y pelar las más grandes. Ponerlas en un bol. Partir en cuatro el hinojo, cortarlo en rodajas finas y añadirlo al bol, reservando todas las hojitas de los tallos. Pelar la palta, descarozarla y cortarla en trozos, retirar el corazón de la manzana, cortarla en trozos del mismo tamaño, poner todo en el bol con la mostaza, 1 cucharada de aceite y el jugo de 1 limón. Mezclar bien, probar y rectificar la sazón. Esparcir el eneldo por encima (si se usa), junto con las hojas de hinojo reservadas.

Repartir la ensalada y el salmón escurrido en los platos, y servirlo con los crackers de centeno, el queso crema y unos gajos de limón para exprimir por arriba.

- - - - - - - - - - - *Variantes* - - - - - - - - - - -

El objetivo es, básicamente, acompañar el plato con unos buenos carbohidratos así que pruébalo con tostadas, pan de centeno o incluso un pancito en lugar de los crackers, si lo prefieres.

CALORÍAS	GRASAS	GRASAS SATURADAS	PROTEÍNAS	CARBOHIDRATOS	AZÚCARES	SAL	FIBRA	2 PORCIONES VERDURA Y FRUTA
346 kcal	18,7 g	3,8 g	26,8 g	18,7 g	8,6 g	0,8 g	6,8 g	

CURRIS
Y GUISOS

*Comidas deliciosas, nutritivas
y abundantes que harán muy
feliz a todo el mundo*

POLLO JALFREZI CON MORRONES ASADOS Y ARROZ CON TOMATE

— La vitamina C de los morrones, los ajíes y los tomates nos ayuda a absorber
el hierro que contienen las maravillosas especias de mi pasta de curri jalfrezi —
casera. ¡Dos veces buena!

PARA 4 PERSONAS
45 MINUTOS

2 cucharadas colmadas
   de pasta de curri jalfrezi
   (véase página 236)

3 cucharadas colmadas de yogur
   natural

4 pechugas de pollo sin piel,
   de 120 g cada una

2 ajíes picantes verdes

3 morrones de colores variados

2 cucharadas de vinagre
   de vino blanco

2 cebollas de distintos colores

300 g de arroz basmati

400 g de tomates perita en
   conserva

pimienta de cayena

½ manojo de cilantro
   fresco (15 g)

1 limón

Las pastas de curri indias en conserva son buenas y muy prácticas, pero hacer una casera es todavía mejor (véase página 236). En un bol, mezclar la pasta con 1 cucharada colmada de yogur y una pizca de sal marina. Cortar cada pechuga de pollo en cuatro trozos del mismo tamaño, ponerlos en el bol, mezclar bien y dejar marinar. Asar los ajíes y los morrones enteros, en tandas, directamente en la llama de las hornallas, o en una plancha a fuego fuerte, hasta que se ennegrezcan y la piel se levante. Dejarlos en un bol tapado con film transparente 10 minutos, pelarlos eliminando las semillas y el tallo y cortarlos en trozos de 4 cm. Retirar las semillas de los ajíes picantes y ponerlas en vinagre en un bol pequeño para hacer un encurtido suave.

Pelar las cebollas, cortarlas en cuatro trozos y separar las capas. Poner una cacerola grande a fuego medio-fuerte, rehogar las cebollas sin aceite unos 8 minutos, o hasta que empiecen a quemarse. Retirarlas de la cacerola y, con unas pinzas, poner el pollo en una sola capa, escurriendo la marinada. Freír 2 minutos de cada lado, hasta que se dore, poner de nuevo las cebollas en la cacerola con los morrones y remover 2 minutos para que se integren.

Poner el arroz en una olla con agua hirviendo salada. Verter los tomates en un colador encima del arroz, para que el jugo caiga en la olla, luego cocer el arroz según indique el paquete y escurrirlo. Cortar los tomates en trozos en la cacerola del pollo, añadir 150 ml de agua, cocer a fuego lento de 10 a 15 minutos, o hasta que la salsa adquiera la consistencia deseada; probar y rectificar la sazón. Servir el curri y el arroz con el yogur restante, una pizca de pimienta de cayena, las hojas de cilantro, unos gajos de limón y los ajíes.

CALORÍAS	GRASAS	GRASAS SATURADAS	PROTEÍNAS	CARBOHIDRATOS	AZÚCARES	SAL	FIBRA	3 PORCIONES VERDURA Y FRUTA
504 kcal	5,4 g	1,5 g	39 g	80,1 g	14,6 g	0,9 g	5,7 g	

SAAG ALOO CON CURRI KORMA DE BATATAS, ACELGAS Y GARBANZOS

El arroz integral es más rico en muchos minerales y vitaminas que el arroz blanco,
incluidas las vitaminas B tiamina y niacina, que nuestro sistema nervioso necesita
para funcionar correctamente

—

PARA 4 PERSONAS

1 HORA

500 g de papas

500 g de batatas

150 g de arroz basmati integral

aceite de oliva

2 cucharadas colmadas
   de pasta de curri korma
   (véase página 236)

1 manojo de cebollitas de verdeo

500 g de acelgas y espinacas
   mezcladas

400 g de garbanzos
   en conserva

400 ml de leche semidescremada

40 g de feta

4 papadams crudos

1 limón

Las pastas de curri indias en conserva son buenas y muy prácticas, pero hacer una casera es todavía mejor (véase página 236). Lavar las papas y las batatas (dejando la cáscara para que tengan más propiedades nutricionales), cortarlas en rodajas de 3 cm y cocerlas en una cacerola grande con agua hirviendo salada 15 minutos, o hasta que estén tiernas. Escurrirlas y dejarlas secar 2 minutos.

Cocer el arroz en una cacerola con agua hirviendo salada siguiendo las instrucciones del paquete. Poner una sartén grande y ancha antiadherente a fuego medio con 1 cucharada de aceite y la pasta de curri. Añadir las papas y las batatas y saltearlas 10 minutos, removiendo de vez en cuando y dejando que se peguen un poco y se doren bien (esto les dará más sabor y una textura más crujiente). Limpiar las cebollitas de verdeo, cortarlas en rodajas y añadirlas. Cortar en rodajas finas los tallos de acelga y las hojas, en trozos, añadirlas a la sartén en tandas con las espinacas hasta que se ablanden. Incorporar los garbanzos con su jugo, la leche y 100 ml de agua. Cocer a fuego lento 15 minutos, o hasta que el guiso espese, removiendo de vez en cuando. Probar, sazonar y añadir el queso feta desmenuzado.

Justo antes de servir, poner los papadams, de a uno, en el microondas 30 segundos para que se hinchen. Escurrir el arroz, repartirlo en los platos, poner encima el curri korma y servir con los papadams y unos gajos de limón, para exprimir por arriba.

CALORÍAS	GRASAS	GRASAS SATURADAS	PROTEÍNAS	CARBOHIDRATOS	AZÚCARES	SAL	FIBRA	3 PORCIONES VERDURA Y FRUTA
600 kcal	14,9 g	4,8 g	21,7 g	101,2 g	16,5 g	1,5 g	11,1 g	

CURRI VERDE TAILANDÉS DE POLLO, BERENJENA, CHOCLO, CASTAÑAS DE CAJÚ Y LIMA

Las sabrosas pechugas de pollo de esta receta nos proporcionan un montón de vitaminas
— del grupo B, que nuestro cuerpo utiliza para muchas cosas, como fabricar los glóbulos rojos, —
que nos mantienen despiertos y alerta

PARA 6 PERSONAS
45 MINUTOS

1 berenjena grande

2 cucharadas de castañas de cajú

2 cucharaditas de semillas
  de sésamo

3 cucharadas colmadas
  de pasta de curri verde
  tailandés (véase página 236)

400 g de leche de coco light
  en conserva

2 cebollas morada

175 g de choclos baby

4 pechugas de pollo sin piel,
  de 120 g cada una

400 ml de leche semidescremada

375 g de fideos integrales

2 cucharaditas de aceite
  de sésamo

4 ramitas de albahaca fresca

1 lima

Poner una plancha a fuego fuerte. Cortar la berenjena en cuatro a lo largo, luego en rodajas de 3 cm y asarla en la plancha, en tandas. Poner un wok o una sartén grande a fuego medio-fuerte, tostar las castañas de cajú y luego las semillas de sésamo, hasta que estén doradas, y machacar todo ligeramente en un mortero. Mezclar la pasta de curri verde tailandés con la leche de coco en el wok. Añadir la berenjena asada. Pelar y cortar las cebollas en cuatro, separar las capas, asarlas en la plancha con los choclos y agregarlas al wok cuando estén hechas.

Cortar en rodajas finas las pechugas de pollo, incorporarlas al wok junto con la leche. Seguir cociendo a fuego lento 8 minutos, o hasta que el pollo esté tierno, removiendo de vez en cuando. Probar y rectificar la sazón. Mientras, cocer los fideos siguiendo las instrucciones del paquete, escurrirlos, mezclarlos con el aceite de sésamo y repartirlos en los boles.

Servir el curri espolvoreado con las castañas de cajú y las semillas machacadas, y las hojas de albahaca. Añadir un chorrito de jugo de lima, a gusto, ¡y buen provecho!

CALORÍAS	GRASAS	GRASAS SATURADAS	PROTEÍNAS	CARBOHIDRATOS	AZÚCARES	SAL	FIBRA	2 PORCIONES VERDURA Y FRUTA
512 kcal	13,3 g	6 g	33,2 g	64,3 g	11,5 g	0,7 g	4,4 g	

CURRI GURKA VEGETARIANO DE BERENJENAS, BATATAS Y GARBANZOS

—— Utilizar yogur en lugar de leche de coco reduce el contenido en grasa, a la vez que nos aporta una dosis extra de calcio y fósforo, los minerales que componen huesos y dientes ——

PARA 6 PERSONAS
1 HORA 45 MINUTOS
MÁS EL TIEMPO DE MARINADA

un trozo de jengibre de 4 cm

4 dientes de ajo

1–2 ajíes picantes rojos

4 vainas de cardamomo

4 clavos de olor

1 cucharadita colmada de semillas de hinojo, 1 de semillas de comino, 1 de cúrcuma en polvo, y 1 de canela en polvo

4 hojas de laurel fresco

1 manojo de cilantro fresco (30 g)

500 g de yogur natural

2 cebollas grandes

2 berenjenas grandes

2 batatas (de 300 g cada una)

400 g de tomates perita en conserva

660 g de garbanzos en conserva

450 g de arroz basmati integral

Pelar el jengibre y los ajos, retirar las semillas de los ajíes y poner todo en una picadora. Aplastar las vainas de cardamomo, y añadir las semillas a la picadora, con los clavos, las semillas de hinojo y de comino, la cúrcuma y la canela. Agregar las hojas de laurel sin los tallos. Reservar las hojas más pequeñas de cilantro en una taza con agua fría y poner el resto del manojo en la picadora con 250 g de yogur y una pizca de sal marina y de pimienta negra, y triturar hasta que obtener una mezcla homogénea. Pelar y cortar las cebollas en cuatro. Lavar las berenjenas y las batatas, cortarlas en rodajas de 3 cm. Mezclar las verduras con la marinada en una bandeja de horno grande (30 cm x 40 cm) y, si es posible, dejarlas 1 hora, o incluso toda una noche, para que se impregnen bien con los sabores.

Precalentar el horno a 180 °C. Asar las verduras en el horno durante 1 hora, o hasta que estén bien doradas. Poner la bandeja a fuego medio en las hornallas, verter los tomates, aplastándolos con una cuchara de madera, junto con 300 ml de agua. Añadir los garbanzos con su jugo. Llevar la preparación a ebullición y cocer a fuego lento 20 minutos, probar y rectificar la sazón. Mientras, cocinar el arroz en una cacerola grande con agua hirviendo salada siguiendo las instrucciones del paquete, escurrirlo y ponerlo de nuevo en la cacerola a fuego suave hasta que los bordes queden ligeramente tostados.

Repartir el arroz. Mezclar el resto del yogur con el curri y servirlo con las hojas de cilantro reservadas.

CALORÍAS	GRASAS	GRASAS SATURADAS	PROTEÍNAS	CARBOHIDRATOS	AZÚCARES	SAL	FIBRA	4 PORCIONES VERDURA Y FRUTA
572 kcal	9 g	3,4 g	18,7 g	111,6 g	22,4 g	0,6 g	7,4 g	

CURRI AFRICANO DE LANGOSTINOS CON CHILES HABANEROS Y ARROZ BASMATI CON OCRAS

La pasta de maní, que da un delicioso sabor a esta receta, es rica en biotina, un tipo de vitamina B indispensable para que nuestro sistema nervioso funcione correctamente y para tener un cabello fuerte, sano y atractivo

PARA 4 PERSONAS
45 MINUTOS

500 g de langostinos grandes
    crudos y pelados

2 morrones de colores distintos

2 cebollas moradas

2 chiles habaneros frescos

2 cucharadas de vinagre
    de vino tinto

aceite de oliva

2 cucharaditas de cilantro
    en polvo

2 cucharaditas de pimentón
    dulce ahumado

600 g de tomates maduros

500 ml de caldo de pollo
    o de verduras

1 cucharada de pasta
    de maní

300 g de arroz basmati

170 g de ocras

4 cucharadas de yogur natural

Con un cuchillo afilado, cortar ligeramente el dorso de los langostinos para quitar la tripa, si fuera necesario. Retirar las semillas de los morrones, pelar las cebollas y cortarlas en rodajas aproximadamente del mismo grosor que los langostinos. Retirar con cuidado las semillas de los chiles habaneros (usando guantes, si se desea) y picarlos finamente. Poner los morrones, las cebollas y los chiles en un bol grande. En un bol pequeño, mezclar el vinagre, 1 cucharada de aceite, una pizca de sal marina, el cilantro en polvo y el pimentón dulce. Verter la mitad de esta mezcla sobre las verduras y remover bien. Poner los langostinos en el bol pequeño.

Poner una sartén grande antiadherente a fuego medio-fuerte. Saltear las verduras 10 minutos, removiendo con frecuencia. Cortar los tomates en dados de 2 cm y añadirlos a la sartén. Verter el caldo, añadir la pasta de maní y cocer a fuego lento 10 minutos. Incorporar los langostinos y cocer 4 minutos más; probar y rectificar la sazón.

Mientras el curri se está haciendo, cocer el arroz en una cacerola grande con abundante agua hirviendo salada siguiendo las instrucciones del paquete. Limpiar las ocras y cortarlas en rodajas finas, añadirlas al arroz en los últimos 4 minutos de cocción, para que le den una consistencia muy pegajosa. Escurrir bien el arroz y servirlo con el curri y una cucharada de yogur en cada plato.

CALORÍAS	GRASAS	GRASAS SATURADAS	PROTEÍNAS	CARBOHIDRATOS	AZÚCARES	SAL	FIBRA	3 PORCIONES VERDURA Y FRUTA
552 kcal	9,9 g	2,4 g	37,8 g	9,9 g	2,4 g	0,9 g	6,1 g	

TARKA DAL AL HORNO CON COLIFLOR, ARVEJAS Y CHAPATI

Las arvejas amarillas partidas son el secreto de la increíble y agradable textura de este
— plato, y además de estar repletas de proteínas y fibra también nos dan una buena porción —
de tiamina, un tipo de vitamina B, así nuestro corazón puede funcionar correctamente

PARA 8 PERSONAS
1 HORA 45 MINUTOS

6 dientes de ajo

un trozo de jengibre de 4 cm

2 ajíes picantes rojos

aceite de oliva

4 cucharaditas de semillas
  de mostaza negra

1 rama de canela

2 cebollas

1 coliflor

2 cucharaditas colmadas
  de curri en polvo

1 mango maduro

1½ litros de caldo de verduras

400 g de tomates pera
  en conserva

500 g de arvejas amarillas
  secas partidas

8 chapatis integrales

8 cucharadas de yogur natural

1 manojo de cilantro fresco (30 g)

Precalentar el horno a 200 °C. Pelar y picar el ajo y el jengibre, cortar en rodajas finas los ajíes. Poner todo en una cacerola grande que pueda ir al horno a fuego medio con 1 cucharada de aceite, las semillas de mostaza y la rama de canela, y dorarlo bien, removiendo con frecuencia. Mientras, pelar las cebollas y cortarlas en dados de 1 cm. Desechar las hojas exteriores y mustias de la coliflor, y cortar las hojas tiernas, el tallo y los ramitos en trozos de 2 cm, retirando las partes duras del tallo. Añadir a la cacerola las cebollas, la coliflor y el curri en polvo y cocer 5 minutos, removiendo a menudo.

Cortar el mango por la mitad y pelarlo. Cortar la pulpa en dados, agregarlos a la cacerola y verter el caldo. Incorporar los tomates, aplastándolos con una cuchara de madera, y agregar 300 ml de agua. Enjuagar las arvejas y añadirlas. Dejar hervir 10 minutos, luego llevar al horno 40 minutos.

Retirar la cacerola del horno, sacar la canela y triturar la mitad el guiso con una licuadora de mano. Verterla de nuevo en la cacerola, probar y rectificar la sazón, y cocer el guiso 40 minutos más, o hasta que espese y se forme una costra en la superficie.

Justo antes de servir, calentar los chapatis en el horno un par de minutos. Servir cada porción de guiso con una cucharada colmada de yogur y las hojas de cilantro por encima, con los chapatis para mojar.

Apto para congelar
Guarda las porciones sobrantes en el freezer en bolsas herméticas etiquetadas para un caso de emergencia.

CALORÍAS	GRASAS	GRASAS SATURADAS	PROTEÍNAS	CARBOHIDRATOS	AZÚCARES	SAL	FIBRA	3 PORCIONES VERDURA Y FRUTA
449 kcal	11,2 g	4 g	20,4 g	64,5 g	11,9 g	0,9 g	11,2 g	

GUISO CHINO DE TERNERA Y TOFU CON ARROZ, POROTOS Y PIMIENTA DE SICHUAN

Los porotos aduki son una buena inyección nutricional, pues nos aportan una abundante
— porción de zinc, que necesitamos para metabolizar otras vitaminas y minerales, y también —
para mantener los huesos fuertes y sanos

PARA 4 PERSONAS
45 MINUTOS

250 g de filetes de ternera
   (de la cadera o de solomillo)

2 dientes de ajo

un trozo de jengibre de 4 cm

1 ají picante rojo

1 manojo de cebollitas de verdeo

2 zanahorias grandes

250 g de rábano blanco japonés
   o de rábanos

1 cucharadita colmada
   de pimienta de Sichuan

aceite de maní

2 cucharadas de salsa china
   de chile y porotos

1 litro de caldo de verduras

400 g de porotos aduki en
   conserva

250 g de arroz de grano redondo
   o para risotto

1 cucharada de maicena

200 g de bimi (o broccolini)

350 g de tofu firme

Primero preparar todos los ingredientes, para luego cocinar con calma. Cortar la carne en trozos de 1 cm, eliminando toda la grasa. Pelar y picar finamente los ajos y el jengibre y cortar el ají en láminas. Limpiar las cebollitas de verdeo, cortar en rodajas finas la parte verde y reservarla, cortar la parte blanca en trozos de 2 cm. Pelar las zanahorias y el rábano blanco o los rábanos, y cortarlos del mismo tamaño. Poner una cacerola grande a fuego medio-fuerte y, mientras se calienta, tostar la pimienta de Sichuan. Pasarla a un mortero, dejando la cacerola en el fuego. Incorporar la carne con 1 cucharada de aceite de maní. Remover hasta que empiece a dorarse, añadir el ajo, el jengibre, el ají, la parte blanca de las cebollitas de verdeo, las zanahorias y los rábanos. Saltear todo 5 minutos, removiendo con frecuencia, incorporar la salsa de chile y porotos y cocerla 30 segundos hasta que se oscurezca. Verter el caldo y cocer a fuego lento 10 minutos.

Mientras, escurrir los porotos, ponerlos en una cacerola con el arroz y una pizca de sal marina. Agregar agua fría hasta que sobrepase 1 cm el nivel del arroz. Llevar la cacerola a ebullición y luego cocer a fuego lento hasta que el agua esté al mismo nivel que el arroz. Tapar y cocer a fuego mínimo 12 minutos más, removiendo de vez en cuando.

Probar y rectificar la sazón del guiso. Mezclar la maicena con 2 cucharadas de agua fría y añadirla al guiso. Limpiar el bimi y agregarlo, junto con el tofu cortado en trozos de 2 cm. Tapar el guiso y dejarlo cocer a fuego suave de 5 a 8 minutos hasta que espese y el bimi esté tierno. Servir con la parte verde de las cebollitas de verdeo por arriba y el arroz con porotos a un lado. Esparcir la pimienta de Sichuan machacada. Añadir unas gotas de aceite de ají si se desea.

CALORÍAS	GRASAS	GRASAS SATURADAS	PROTEÍNAS	CARBOHIDRATOS	AZÚCARES	SAL	FIBRA	2 PORCIONES VERDURA Y FRUTA
561 kcal	13,3 g	2,9 g	36,2 g	77,8 g	8,4 g	0,7 g	6,1 g	

POLLO KORMA CON COLIFLOR
Y ARROZ INTEGRAL

Complementar el arroz con una porción extra de verduras, como hemos hecho aquí con
— la coliflor, significa recibir una buena dosis de vitaminas C y K, imprescindibles para tener —
los huesos fuertes y sanos

PARA 4 PERSONAS
1 HORA 10 MINUTOS

2 cucharaditas de semillas
de mostaza negra

2 cebollas

aceite de oliva

2 cucharadas colmadas
de pasta de curri korma
(véase página 236)

4 muslos de pollo, con piel
y hueso

400 g de zanahorias baby

un trozo de jengibre de 6 cm

3 ajíes picantes rojos

150 g de arroz basmati integral

½ coliflor pequeña (350 g)

250 ml de leche semidescremada

250 g de yogur natural

½ manojo de cilantro
fresco (15 g)

Las pastas de curri indias en conserva son buenas y muy prácticas, pero hacer una casera es todavía mejor (véase página 236). Precalentar el horno a 180 °C. Poner las semillas de mostaza en una cacerola ancha que pueda ir al horno a fuego medio-fuerte y dejar que se abran. Mientras, pelar las cebollas y cortarlas en cuatro, añadirlas a la cacerola con 1 cucharada de aceite y la pasta de curri. Quitar y desechar la piel del pollo, poner los muslos en la cacerola. Cocer 8 minutos, girando el pollo y la cebolla con unas pinzas de vez en cuando. Mientras, lavar las zanahorias, pelar y cortar en rodajas finas el jengibre. Agregar todo a la cacerola con los ajíes enteros y hornearlo 35 minutos.

Al cabo de 20 minutos, cocer el arroz en una cacerola grande con agua hirviendo salada siguiendo las instrucciones del paquete. Desechar las hojas exteriores y mustias de la coliflor, cortar el resto de las hojas, el tallo y los ramitos en trozos pequeños, retirando las partes duras del tallo. Añadir toda la coliflor a la cacerola y cocerla con el arroz los últimos 10 minutos. Escurrir todo.

Retirar la cacerola del horno y ponerla a fuego mínimo en las hornallas, verter la leche y cocer a fuego lento 10 minutos. Retirar y dejar reposar un par de minutos para que la salsa no se corte al añadir el yogur. Repartir el yogur por encima y alrededor, sacudir la cacerola para que se mezcle un poco y probar y rectificar la sazón. Servir el pollo con el arroz con coliflor y unas hojitas de cilantro fresco esparcidas. Si se desea más picante, picar los ajíes y ponerlos por arriba.

CALORÍAS	GRASAS	GRASAS SATURADAS	PROTEÍNAS	CARBOHIDRATOS	AZÚCARES	SAL	FIBRA	3 PORCIONES VERDURA Y FRUTA
500 kcal	20 g	6 g	28,6 g	56,6 g	22,6 g	0,7 g	7,4 g	

POLLO GUISADO CON VERDURAS, PANCETA Y CEBADA

La humilde cebada perlada, un alimento básico en cualquier alacena, es una fuente
— de varias vitaminas y minerales esenciales, especialmente manganeso, que nos hace falta para —
la buena salud de los huesos

PARA 4 PERSONAS
1 HORA 10 MINUTOS

aceite de oliva

2 fetas de panceta ahumada

2 ramitas de romero fresco

2 cebollas

2 zanahorias

400 g de papas

100 g de cebada perlada

1 cucharada colmada
   de harina integral

500 ml de caldo de pollo

500 ml de leche semidescremada

2 zucchinis

1 manojo de espárragos (350 g)

200 g de chauchas

4 pechugas de pollo sin piel,
   de 120 g cada una

1 cucharada de salsa de menta

Poner una cacerola grande a fuego medio con 1 cucharada de aceite. Cortar la panceta bien pequeña y añadirla junto con las hojas de romero; dejar que se dore removiendo con frecuencia. Mientras, preparar las verduras. La idea es cortarlas todas del mismo tamaño —unos 2 cm— y agregarlas a la cacerola a medida que estén listas. Pelar, cortar y añadir las cebollas, luego las zanahorias, y por último las papas. Agregar la cebada perlada y rehogar todo 10 minutos, o hasta que las verduras empiecen a estar blandas pero sin que tomen color, removiendo con frecuencia.

Incorporar la harina y luego, poco a poco, el caldo y la leche. Cocer a fuego lento 10 minutos. Mientras, limpiar los zucchinis y cortarlos en cuatro longitudinalmente, quitar la parte dura de los espárragos y las puntas de las chauchas, y cortar todo en trozos de 2 cm. Cortar el pollo también en trozos de 2 cm. Ponerlo en la cacerola con los zucchinis, cubrirlo con una hoja de papel de horno humedecida y estrujada, y cocer a fuego lento 20 minutos. Remover bien, añadir los espárragos y las chauchas, poner de nuevo el papel y cocer 20 minutos más, o hasta que la salsa espese y todo esté tierno, removiendo de vez en cuando. Añadir la salsa de menta, probar, rectificar la sazón y servir.

CALORÍAS	GRASAS	GRASAS SATURADAS	PROTEÍNAS	CARBOHIDRATOS	AZÚCARES	SAL	FIBRA	4 PORCIONES VERDURA Y FRUTA
549 kcal	12,5 g	3,6 g	48,2 g	64,8 g	20,5 g	0,8 g	7,2 g	

CURRI BALINÉS DE POLLO, ARROZ CON KALE, AJÍ Y HIERBA DE LIMÓN

Además de dar un maravilloso toque de color al arroz de esta receta, el kale colorado
— es supernutritivo y rico en ácido fólico, una vitamina B que nuestro cuerpo necesita para —
una función inmunológica eficiente

PARA 6 PERSONAS

1 HORA

un trozo de jengibre de 4 cm

4 dientes de ajo

1 manojo de cebollitas de verdeo

2 ajíes picantes rojos

40 g de castañas de cajú

4 hojas de lima kaffir

1 cucharadita de cúrcuma en polvo

2 cucharaditas de salsa de pescado

300 g de gírgolas

1 mango maduro

3 pechugas de pollo sin piel,
   de 200 g cada una

aceite de oliva

500 g de chauchas finas

2 limas

400 ml de leche de coco light

450 g de arroz basmati

250 g de kale púrpura

2 tallos de hierba de limón

Pelar el jengibre y el ajo, limpiar las cebollitas de verdeo, cortar 1 ají por la mitad y retirar las semillas, y dorar todo en una cacerola grande a fuego medio-fuerte con las castañas de cajú hasta que casi esté a punto de pegarse, removiendo a menudo. Ponerlo en una picadora con las hojas de lima, la cúrcuma, la salsa de pescado, 1 cucharadita de pimienta negra y una pizca de sal marina. Triturarlo hasta obtener una pasta.

Poner de nuevo la cacerola a fuego medio y rehogar las gírgolas 5 minutos hasta que estén doradas. Partir el mango por la mitad, pelarlo y cortarlo en rodajas de 1 cm, igual que las pechugas de pollo. Reservar las gírgolas en un plato, añadir 1 cucharada de aceite y la pasta anterior a la cacerola. Rehogarla 1 minuto removiendo, hasta que se desprendan los aromas, agregar el pollo y el mango y saltearlos 5 minutos. Partir las chauchas por la mitad e incorporarlas a la cacerola con las gírgolas. Exprimir encima el jugo de 1 lima, verter la leche de coco, limpiar el frasco vacío con un chorrito de agua y verterla también. Llevar a ebullición y cocer a fuego lento 10 minutos, removiendo de vez en cuando. Probar y rectificar la sazón. Mientras, cocinar el arroz en una cacerola grande con agua hirviendo salada según indique el paquete. Cortar las hojas de kale en trocitos, sin los tallos, y añadirlas al arroz pasados 5 minutos para que se cocinen.

Machacar los tallos de hierba de limón sobre la mesada para aplastarlos, retirar la capa dura externa. Cortar el otro ají por la mitad, quitarle las semillas y picarlo finamente junto con la hierba de limón. Escurrir el arroz y servirlo con el curri, espolvoreado con el ají y la hierba de limón, a gusto, y acompañado con gajos de lima, para exprimir por arriba.

CALORÍAS	GRASAS	GRASAS SATURADAS	PROTEÍNAS	CARBOHIDRATOS	AZÚCARES	SAL	FIBRA	2 PORCIONES VERDURA Y FRUTA
551 kcal	13,7 g	5,4 g	36,6 g	74,9 g	9 g	0,8 g	3,4 g	

TERNERA GUISADA CON GUINNESS, MOSTAZA INGLESA Y CEBADA PERLADA

El filete de falda tiene la ventaja de ser más magro que otros muchos cortes de la ternera,
—   además de ser rico en zinc, que ayuda a mantener el cabello, la piel y las uñas bonitos   —
y saludables: ¡tres veces bueno!

PARA 6 PERSONAS
2 HORAS 30 MINUTOS

450 g de cebada perlada

aceite de oliva

100 g de cebollitas en vinagre

1 cebolla grande

3 zanahorias grandes

1 corazón de apio

½ manojo de tomillo fresco (15 g)

800 g de nabos

20 g de hongos porcini
    (*Boletus edulis*)

500 g de falda de ternera

1 litro de caldo de pollo o de carne

220 ml de Guinness

500 g de verduras de hoja verde
    de estación, como kale,
    repollo, acelgas

20 g de queso cheddar

4 cucharaditas colmadas
    de mostaza inglesa

Precalentar el horno a 180 °C. En una cacerola grande, cubrir la cebada perlada con abundante agua fría y dejarla en remojo. Poner una cacerola grande a fuego medio-fuerte con 1 cucharada de aceite y las cebollitas en vinagre enteras. Pelar la cebolla y cortarla en cuatro, separar las capas y añadirla a la cacerola. Remover de vez en cuando. Mientras, lavar las zanahorias y el apio y cortar todo al bies en trozos de 0,5 cm. Añadirlos a la cacerola con las hojas de tomillo y cocerlos 10 minutos removiendo. Entre tanto, pelar los nabos y cortarlos en rodajas de 3 cm, cortar pequeños los hongos y agregar todo a la cacerola. Cortar la carne en trozos de 3 cm de grosor y añadirlos también. Luego de un par de minutos, verter el caldo y la Guinness. Levantar el hervor, cubrir el guiso con una hoja de papel de horno humedecida y estrujada, y cocer en el horno 1 hora.

Retirar el papel, cocer el guiso 1 hora más, o hasta que la carne esté tierna. Escurrir la cebada perlada, cubrirla de nuevo con agua hirviendo y cocerla siguiendo las instrucciones del paquete. Limpiar las verduras, desechando los tallos duros, y cocerlas al vapor en un colador puesto encima de la cebada durante los últimos 10 minutos de cocción. Escurrir la cebada perlada, reservando un poco del agua de cocción, ponerla de nuevo en la cacerola, rallar el queso por arriba, añadir la mostaza inglesa y un chorrito del agua reservada y mezclar todo.

Probar el guiso y rectificar la sazón. Servirlo con la cebada perlada y las verduras al vapor como acompañamiento.

CALORÍAS	GRASAS	GRASAS SATURADAS	PROTEÍNAS	CARBOHIDRATOS	AZÚCARES	SAL	FIBRA	3 PORCIONES VERDURA Y FRUTA
576 kcal	9,9 g	2,3 g	39,8 g	82,3 g	13,6 g	1,5 g	6,1 g	

COCINAR AL HORNO

Deja que el horno haga el trabajo más
duro en estos platos ingeniosos
que reúnen varios en uno

POLLO Y CHORIZO AL HORNO
CON MORRONES, BATATAS Y PAPAS

Los dos tipos de tubérculos más los morrones hacen que este plato esté repleto de vitamina C,
un nutriente que nuestro cuerpo utiliza para todo, desde mantener sanos los dientes
y la piel hasta proteger nuestras células

PARA 4 PERSONAS
1 HORA 10 MINUTOS

75 g de chorizo de calidad

2 dientes de ajo

1 cubito de caldo de pollo

1 ramita de romero fresco

2 cucharadas de vinagre de jerez

4 muslos de pollo, con piel
   y hueso

2 batatas pequeñas
   (200 g cada una)

2 papas blancas (500 g)

2 cebollas moradas

2 morrones de distintos colores

1 manojo de perejil fresco (30 g)

4 cucharadas de yogur natural

pimienta de cayena

1 ají picante rojo

2 cucharadas de almendras
   enteras

1 limón

Precalentar el horno a 200 °C. Cortar el chorizo, pelar el ajo y ponerlos en una licuadora. Añadir el cubito de caldo desmenuzado, las hojas de romero, el vinagre y 300 ml de agua hirviendo. Tapar la licuadora, cubrir con un paño de cocina y, sujetándolo, triturar hasta obtener una mezcla homogénea.

Quitar y desechar la piel del pollo, poner los muslos en una fuente de horno grande (30 cm x 40 cm). Lavar las papas y las batatas (dejando la cáscara para que tengan más propiedades nutricionales) y cortarlas en rodajas de 3 cm. Pelar las cebollas, retirar las semillas de los morrones, cortar todo también en trozos de 3 cm, y añadir todas las verduras a la fuente. Agregar la mitad de las hojas de perejil, verter el caldo de chorizo y mezclar todo. Cubrir la fuente con papel de aluminio y ponerla primero a fuego fuerte 2 minutos y luego en el horno. Hornear durante 30 minutos, retirar el papel de aluminio, poner los trozos de pollo en la parte superior de la fuente para que se doren y hornear otros 30 minutos, o hasta que el pollo y las verduras estén tiernos.

Mientras, poner el resto de las hojas de perejil en un plato. Verter el yogur al lado y añadir unas pizcas de pimienta de cayena. Cortar en rodajas finas el ají y las almendras y añadirlos al plato, rallar por arriba la cáscara de limón bien fina. Retirar la fuente del horno cuando el pollo esté listo, y servirlo con el plato de la guarnición al lado, para que cada uno se sirva el yogur y los demás aderezos.

CALORÍAS	GRASAS	GRASAS SATURADAS	PROTEÍNAS	CARBOHIDRATOS	AZÚCARES	SAL	FIBRA	3 PORCIONES VERDURA Y FRUTA
432 kcal	16 g	4,6 g	25,8 g	49,6 g	12 g	1,5 g	6,4 g	

SALMÓN TERIYAKI CON MANGO, ARROZ INTEGRAL Y ENCURTIDO DE PEPINO Y AJÍ

En lugar de azúcar, he utilizado el intenso mango, que además de transmitir ese estupendo
— dulzor que asociamos con la salsa teriyaki aporta una buena dosis de vitamina C, que nos —
ayuda a pensar correctamente

PARA 4 PERSONAS
50 MINUTOS

300 g de arroz integral

aceite de maní

1 mango maduro

4 dientes de ajo

un trozo de jengibre de 4 cm

3 limas

2 cucharadas de salsa de soja
   baja en sodio

½ pepino

1 ají picante rojo

4 cucharadas de vinagre de vino
   blanco

4 filetes de salmón, escamados,
   con piel y sin espinas, de 120 g
   cada uno

1 manojo de cebollitas de verdeo

250 g de brócoli

½ manojo de menta fresca (15 g)

2 cucharaditas de semillas de
   sésamo

4 cucharadas de yogur natural

Cocer el arroz en una cacerola grande con agua hirviendo salada siguiendo las instrucciones del paquete, escurrirlo. Untar una fuente de horno (25 cm x 30 cm) con 1 cucharadita de aceite de maní y añadir el arroz en una capa uniforme. Mientras, lavar el mango, cortarlo por la mitad, descarozarlo, pelarlo y poner la pulpa en una licuadora, reservando la cáscara. Presionar la pulpa que queda en el carozo encima de la licuadora para aprovechar todo el jugo. Añadir el ajo y el jengibre pelados, la cáscara rallada y el jugo de 2 limas, la salsa de soja y 1 cucharadita de aceite de maní, y triturar hasta obtener una salsa lisa. Verter en un bol grande.

Para hacer un encurtido rápido, cortar en rodajas finas la cáscara de mango y ponerla en un bol. Partir el pepino por la mitad a lo largo y retirar las semillas del centro, cortarlo en rodajas finas, igual que el ají y añadir todo al bol. Mezclarlo con el vinagre y una buena pizca de sal marina (luego se escurre el líquido, así que no te preocupes por la cantidad de sal).

Precalentar el horno al máximo. Retirar la piel del salmón y reservarla (o pedir al pescadero que lo haga). Mezclar los filetes con la salsa, ponerlos encima del arroz. Limpiar las cebollitas de verdeo y cortarlas al bies en trozos de 2 cm, cortar el brócoli en ramitos y el tallo en rodajas, mezclar bien con la salsa restante, disponerlo alrededor del salmón. Extender las pieles del salmón encima, y poner la fuente en el horno de 12 a 15 minutos, o hasta que todo esté hecho y dorado. Escurrir el encurtido, cortar finas las hojas de menta, tostar las semillas de sésamo, mezclar todo y servir a un lado. Agregar 1 cucharada de yogur y unos gajos de lima para exprimir por arriba.

CALORÍAS	GRASAS	GRASAS SATURADAS	PROTEÍNAS	CARBOHIDRATOS	AZÚCARES	SAL	FIBRA	2 PORCIONES VERDURA Y FRUTA
597 kcal	19,2 g	3,9 g	35,4 g	74,7 g	12,7 g	1,4 g	5,3 g	

ALBÓNDIGAS GIGANTES
CON SALSA DE TOMATE Y JALAPEÑO

Estas potentes albóndigas demuestran que sano no tiene por qué significar pequeño.
— Añadir a la carne porotos negros, repletos de proteínas, aumenta notablemente la cantidad —
de fibra, que ayuda a nuestros intestinos a mantenerse sanos y felices

PARA 4 PERSONAS
1 HORA 20 MINUTOS

500 g de carne magra de ternera
picada

150 g de pan integral rallado

400 g de porotos negros
en conserva

1 huevo grande

½ manojo de cilantro fresco
(15 g)

100 g de ricota

1 cucharada de jalapeños en
conserva, en rodajas

800 g de tomates perita
en conserva

1 manojo de cebollitas de verdeo

2 dientes de ajo

aceite de oliva

200 g de arroz integral

1 mango maduro

1 morrón rojo

2 limas

Precalentar el horno a 180 °C. Poner la carne picada y el pan rallado en una picadora. Escurrir y añadir los porotos, romper el huevo y añadirlo con una tercera parte del cilantro y una pizca de sal marina y de pimienta negra. Triturar hasta que esté todo bien mezclado y formar con la masa cuatro hamburguesas del mismo tamaño. Repartir la ricota en el centro de cada una, cubrirla con la mezcla de carne y formar bollos. Reservar.

En la misma picadora (no hace falta lavarla), poner los jalapeños y 1 cucharadita de su jugo, otra tercera parte del cilantro y los tomates. Añadir la parte verde de las cebollitas de verdeo y el ajo pelado, y triturar hasta obtener una salsa homogénea; probar y rectificar la sazón. Verter la salsa en una fuente de horno (20 cm x 30 cm) y colocar las albóndigas gigantes encima. Untarlas con 1 cucharadita de aceite y hornearlas en la parte de abajo del horno 35 minutos, o hasta que estén hechas y la salsa borbotee.

Mientras, cocer el arroz en una cacerola con agua hirviendo salada siguiendo las instrucciones del paquete. Pelar el mango y ponerlo en una plancha a fuego medio-fuerte con el morrón rojo entero, la parte blanca de las cebollitas de verdeo y las limas cortadas por la mitad. Darlos vuelta con unas pinzas y poner todo en una tabla cuando esté asado. Retirar y desechar el tallo y las semillas del morrón, cortar la pulpa del mango asado retirando el carozo y picar todo finamente con el resto del cilantro, mezclando bien. Exprimir por arriba el jugo de 1 lima, mezclar todo, probar y rectificar la sazón. Servir las albóndigas y la salsa de tomate sobre el arroz, acompañado con el picadillo para darle más sabor al conjunto, y la lima restante en gajos para exprimir por arriba.

CALORÍAS	GRASAS	GRASAS SATURADAS	PROTEÍNAS	CARBOHIDRATOS	AZÚCARES	SAL	FIBRA	3 PORCIONES VERDURA Y FRUTA
600 kcal	13,7 g	5 g	44,5 g	75,3 g	15,7 g	1,5 g	13,4 g	

ARROZ PILAF PERSA VEGETARIANO CON AZAFRÁN, ARÁNDANOS Y POROTOS COLORADOS

Además de ser muy sabroso, se cree que el arroz jazmín estimula la producción de melatonina,
— la hormona que prepara nuestro cuerpo para el sueño, por lo que resulta una excelente opción —
para la cena

PARA 4 PERSONAS
1 HORA 10 MINUTOS

300 g de arroz jazmín

2 dientes de ajo

½ manojo de perejil fresco (15 g)

2 puerros

aceite de oliva

1 lima

1 zanahoria

1 bulbo de hinojo grande (400 g)

1 cubito de caldo de pollo
o de verduras

una pizca de azafrán

400 g de porotos colorados
en conserva

150 g de arándanos

1 cucharada de almendras
peladas

1 cucharada de pistachos
sin cáscara

4 cucharadas de yogur natural

Precalentar el horno a 220 °C. Lavar bien el arroz en un colador, reservarlo algo húmedo. Pelar el ajo y cortarlo en láminas finas con los tallos de perejil. Lavar y limpiar los puerros, picarlos en una picadora hasta que estén bien finos. Poner una fuente de bordes altos (25 cm x 30 cm) a fuego medio-suave con 4 cucharadas de aceite. Añadir el ajo y los tallos de perejil y luego los puerros, rallar fina la cáscara de lima encima, removiendo de vez en cuando. Pelar la zanahoria y limpiar el hinojo, picarlos finamente en la picadora y agregarlos también a la fuente, con una buena pizca de sal marina y de pimienta negra. Rehogar 15 minutos, o hasta que las verduras estén blandas pero sin que tomen color, removiendo con frecuencia.

Desmenuzar el cubito de caldo en una olla, añadir el azafrán y cubrir con 550 ml de agua hirviendo. Escurrir los porotos, incorporarlos a la fuente con el arroz y los arándanos. Verter el caldo encima, llevarlo a ebullición y continuar la cocción en el horno 30 minutos, o hasta que la superficie esté crujiente, y el arroz, cocido.

Tostar las almendras y los pistachos hasta que se doren ligeramente, y machacarlos en un mortero. Servir el arroz pilaf con las hojas de perejil y los frutos secos espolvoreados por arriba, una cucharada de yogur y unos gajos de lima para exprimir.

CALORÍAS	GRASAS	GRASAS SATURADAS	PROTEÍNAS	CARBOHIDRATOS	AZÚCARES	SAL	FIBRA	3 PORCIONES VERDURA Y FRUTA
546 kcal	18,4 g	3 g	15,5 g	83,4 g	10,9 g	1,2 g	10,5 g	

PESCADO AL HORNO A LA SICILIANA CON BERENJENA, TOMATES, PIÑONES Y PASAS

El pescado blanco, magro y nutritivo, es una gran fuente de proteínas, repleta además — de micronutrientes, como el selenio, que protege las células y hace funcionar de modo — eficiente el sistema inmunitario

PARA 4 PERSONAS
1 HORA 15 MINUTOS

2 berenjenas grandes

1 kg de tomates maduros

1 cebolla morada

4 dientes de ajo

1 corazón de apio

1 cucharada de orégano seco

una pizca de ají molido

1 cucharadita colmada
    de alcaparras pequeñas

40 g de pasas

40 g de piñones

4 aceitunas negras con carozo

aceite de oliva

4 filetes de pescado blanco de
    120 g, escamados y sin espinas

1 naranja

250 g de cuscús integral

40 g de rúcula

4 cucharadas de yogur natural

Precalentar el horno a 180 °C. Cortar las berenjenas y los tomates en rodajas finas. Pelar y cortar la cebolla morada y el ajo en rodajas finas. Limpiar el apio, cortarlo por la mitad y, luego, en bastoncitos. Poner todo en una fuente de horno grande con el orégano, el ají molido, las alcaparras, las pasas y los piñones. Descarozar las aceitunas, picarlas y añadirlas a la fuente. Agregar 2 cucharadas de aceite y una buena pizca de sal marina y de pimienta negra y remover bien. Extender la mezcla de manera uniforme, con una capa de tomates encima, y hornearlo en el estante inferior del horno 40 minutos.

Mientras, poner los filetes de pescado en una bolsa hermética, exprimir adentro el jugo de naranja (guardar las dos medias cáscaras), añadir una pizca de sal y reservar. Cuando las verduras estén tiernas, retirar la fuente del horno y poner los filetes de pescado encima, con la piel hacia arriba. Regar con el jugo de naranja y colocar de nuevo la fuente en el estante inferior del horno 15 minutos más, o hasta que el pescado esté hecho. Poner las dos medias naranjas reservadas y el cuscús en un bol, cubrirlo con agua hirviendo, taparlo con un plato y dejar que se hinche.

Esparcir la rúcula por encima de la fuente del pescado, esponjar el cuscús, sazonarlo, y servir cada porción con una cucharada de yogur.

CALORÍAS	GRASAS	GRASAS SATURADAS	PROTEÍNAS	CARBOHIDRATOS	AZÚCARES	SAL	FIBRA	3 PORCIONES VERDURA Y FRUTA
600 kcal	18,5 g	2,9 g	37,1 g	71,7 g	25,1 g	1,1 g	9 g	

POLLO CON AJO, TOMILLO, HONGOS, TOMATES CHERRY Y ESPÁRRAGOS

— Utilizar pan integral significa duplicar la ingesta de fibra; además, tanto el pan integral como el pollo nos aportan vitaminas del grupo B, beneficiosas para el sistema metabólico —

PARA 4 PERSONAS
30 MINUTOS

2 cucharadas de aceto
   balsámico

aceite de oliva

4 dientes de ajo

½ manojo de tomillo
   fresco (15 g)

2 manojos de
   espárragos (350 g)

350 g de tomates cherry
   maduros, de colores variados

4 pechugas de pollo de 120 g
   cada una, sin piel

4 rebanadas grandes de pan
   integral (75 g cada una)

4 hongos medianos

100 g de queso crema

Precalentar el horno al máximo (240 °C). Mezclar el aceto con 2 cucharadas de aceite y una pizca de sal marina y de pimienta negra en un bol grande. Aplastar los dientes de ajo enteros con cáscara con la hoja de un cuchillo y añadirlos al bol con las ramitas de tomillo. Retirar la parte dura de los espárragos y agregarlos a la marinada junto con el pollo y los tomates.

Colocar los espárragos en una fuente de horno grande (30 cm x 40 cm) con las rebanadas de pan. Poner una pechuga de pollo en cada rebanada, con un diente de ajo y unas ramitas de tomillo. Limpiar los hongos, cortarles el pie, poner uno sobre cada pechuga de pollo, con el lado del pie hacia arriba, y repartir el queso crema entre los cuatro hongos. Disponer los tomates alrededor de la fuente, regar todo con la marinada y asar en la parte inferior del horno de 20 a 25 minutos, o hasta que el pollo esté tierno y las verduras caramelizadas. Servir en los platos, ¡y al ataque!

CALORÍAS	GRASAS	GRASAS SATURADAS	PROTEÍNAS	CARBOHIDRATOS	AZÚCARES	SAL	FIBRA	2 PORCIONES VERDURA Y FRUTA
480 kcal	15,3 g	4,1 g	44,8 g	38,8 g	9,9 g	1,5 g	8,5 g	

ALBÓNDIGAS DE CERDO EN SALSA DE CEBOLLA Y MANZANA CON PANCITOS

Estas albóndigas se han convertido en un superalimento gracias al megamix nutritivo
— de solomillo de cerdo magro, porotos blancos ricos en proteínas y avena rica en fibra, para tener —
el corazón sano y el colesterol a raya

PARA 4 PERSONAS
1 HORA 15 MINUTOS

1 manojo de menta fresca (30 g)

400 g de porotos blancos
en conserva

450 g de solomillo de cerdo

2 cucharaditas colmadas
de mostaza de Dijon

50 g de avena

aceite de oliva

2 cebollas moradas

2 manzanas

1 cucharada de salsa
Worcestershire

2 cucharadas de harina integral

1 litro de caldo de pollo

4 pancitos integrales

30 g de queso cheddar

100 g de berros o rúcula

Precalentar el horno a 200 °C. Poner la mitad de las hojas de menta en una picadora y reservar el resto en una taza con agua fría. Escurrir los porotos y añadirlos a la picadora junto con el filete de cerdo cortado en trozos, 1 cucharadita colmada de mostaza, la avena y una pizca de sal marina y de pimienta negra. Picar no demasiado fino (hay que obtener una textura gruesa), poner la mezcla sobre la mesada y formar una salchicha larga. Cortarla en cuatro trozos iguales, dividir cada uno en cinco partes y, con las manos húmedas, formar veinte albóndigas.

Para hacer la salsa, poner 1 cucharada de aceite en una fuente de horno grande de bordes altos a fuego medio-fuerte y añadir cuatro albóndigas, rompiéndolas con una cuchara de madera. Pelar las cebollas, cortarlas en cuatro, separar las capas y añadirlas a la fuente, removiendo con frecuencia. Cortar las manzanas en cuñas delgadas, retirar el corazón y agregarlas. Cocer 5 minutos, verter la salsa Worcestershire, la restante cucharadita colmada de mostaza y la harina. Remover durante 2 minutos, verter el caldo despacio, sazonar y llevar a ebullición (puede parecer una gran cantidad de líquido, pero se va a reducir al cocerlo en el horno). Agregar el resto de las albóndigas, repartiéndolas de manera uniforme, y hornearlas 25 minutos, o hasta que estén doradas, agitando la fuente a media cocción. Poner los pancitos en el horno para calentarlos los últimos 5 minutos.

Retirar la fuente del horno y rallar el queso cheddar encima de las albóndigas para que se derrita. Escurrir las hojas de menta reservadas y mezclarlas con los berros o la rúcula y servir todo junto, con los pancitos para mojar en la salsa.

CALORÍAS	GRASAS	GRASAS SATURADAS	PROTEÍNAS	CARBOHIDRATOS	AZÚCARES	SAL	FIBRA	2 PORCIONES VERDURA Y FRUTA
591 kcal	15,7 g	4,4 g	49,1 g	62,2 g	15,6 g	1,5 g	13 g	

BERENJENA Y MORRONES ASADOS, ARROZ CON POROTOS, COCO Y CILANTRO

El ajo y el jengibre que, aun en pequeña cantidad, dan fuerza y contundencia
— a este adobo de berenjena son una fuente de potasio, que nuestros músculos necesitan —
para funcionar correctamente

PARA 4 PERSONAS
1 HORA 10 MINUTOS

1 berenjena grande

2 morrones grandes de distintos
colores

6 hojas de laurel fresco

½ manojo de tomillo fresco (15 g)

6 dientes de ajo

un trozo de jengibre de 6 cm

½–1 chile habanero fresco

2 cucharaditas rasas de pimienta
de Jamaica en polvo

aceite de oliva

2 cucharadas de vinagre de vino
blanco

60 g de crema de coco

300 g de arroz blanco

400 g de porotos colorados
en conserva

4 cucharadas de yogur natural

½ manojo de cilantro fresco (15 g)

1 lima

Precalentar el horno a 200 °C. Limpiar la berenjena, cortarla en cuatro longitudinalmente y ponerla en una fuente de horno grande (30 cm x 40 cm). Cortar los morrones por la mitad, retirar las semillas y añadirlos. Machacar las hojas de laurel, sin los tallos, en un mortero con una buena pizca de sal marina, hasta obtener una pasta, e incorporar las hojas del tomillo. Pelar y picar el ajo y el jengibre, retirar las semillas y añadir el chile habanero (usando guantes, si se desea) y añadir todo, junto con la pimienta de Jamaica. Machacar bien, luego mezclar con 1 cucharada de aceite y el vinagre. Verter el aliño encima de las verduras, remover bien y asarlas 30 minutos.

En un bol, batir la crema de coco, el arroz, una pizca de sal y 600 ml de agua hirviendo. Retirar la fuente del horno y sacar las verduras con cuidado. Escurrir los porotos y volcarlos en la fuente, verter la mezcla de arroz y remover con una cuchara de madera para incorporar todos los trozos que se hayan quedado pegados en el fondo de la fuente. Poner de nuevo las verduras, empujándolas ligeramente hacia abajo y colocando la berenjena de la forma deseada. Hornear de nuevo en la parte inferior del horno otros 25 minutos, o hasta que el arroz esté cocido.

CALORÍAS	GRASAS	GRASAS SATURADAS	PROTEÍNAS	CARBOHIDRATOS	AZÚCARES	SAL	FIBRA	2 PORCIONES VERDURA Y FRUTA
481 kcal	11,2 g	5,9 g	14,5 g	80,5 g	9,8 g	0,6 g	5,9 g	

PESCADO ASADO AL ESTILO BRASILEÑO CON MORRONES, CHILES, TOMATES Y PIMENTÓN

— Muchos pescados y mariscos, incluyendo el salmonete y las vieiras, son una fuente de fósforo, un poderoso mineral que se encuentra en las paredes de nuestras células y garantiza que funcionen de manera eficiente —

PARA 6 PERSONAS
50 MINUTOS

800 g de filetes de pescado
   y marisco variados, como
   salmonetes, gallo, vieiras,
   calamares

1 limón

1 lima

pimentón dulce ahumado

3 morrones de distintos colores

2 cebollas moradas

800 g de tomates maduros
   de distintos colores

1 chile habanero fresco

400 ml de leche de coco
   en conserva

aceite de oliva

1 manojo de cilantro fresco (30 g)

450 g de arroz integral

6 cucharadas de yogur natural

Precalentar el horno a 180 °C. La mezcla de pescado y marisco, cortado en trozos no demasiado grandes, se puede preparar en casa, o pedirle al pescadero que lo haga. En un bol, rallar finamente la cáscara de limón y de lima sobre el pescado y exprimir también el jugo. Añadir ½ cucharadita de pimentón dulce y una buena pizca de sal marina y de pimienta negra, mezclar bien.

Cortar los morrones en rodajas de 0,5 cm de grosor, retirando las semillas. Pelar las cebollas y cortarlas en rodajas finas, igual que los tomates. Retirar las semillas del chile habanero (usando guantes, si se desea) y cortarlo en rodajas finas. Colocar una capa de tomates en la base de una fuente de horno (25 cm x 30 cm). Cubrirla con una capa doble de morrones y otra de cebollas, separando las rodajas en aros. Espolvorear por arriba una pizca de pimentón dulce y de pimienta negra, añadir una capa de pescado y marisco y un poco de chile. Repetir las capas, sazonando con una pizca de pimentón dulce y de pimienta negra entre cada capa. Verter el jugo de cítricos que quede en el bol y agregar una pizca de sal marina. Con los dedos, presionar todo hacia el fondo, verter encima la leche de coco y 1 cucharada de aceite. Picar la mitad de las hojas de cilantro y esparcirlas casi todas por arriba. Tapar con papel de aluminio y hornear durante 20 minutos, retirar el aluminio y asar otros 15 minutos, o hasta que esté cocido.

Mientras, cocer el arroz en una cacerola grande con agua hirviendo salada tal como indique el paquete y escurrir. Servir el arroz en los boles y disponer encima el pescado al horno con verduras, junto con su sabroso caldo. Encima de cada bol poner una cucharada de yogur, esparcir el cilantro restante y darle un toque ahumado con una pizca de pimentón dulce.

CALORÍAS	GRASAS	GRASAS SATURADAS	PROTEÍNAS	CARBOHIDRATOS	AZÚCARES	SAL	FIBRA	2 PORCIONES VERDURA Y FRUTA
563 kcal	15,2 g	5,1 g	33,9 g	77 g	15,5 g	1,1 g	6,6 g	

PASTA
Y RISOTTO

Platos sorprendentes y sabrosos que rinden

homenaje a dos de nuestros alimentos

favoritos de la alacena

ESPAGUETIS CON BOLOÑESA VEGETARIANA, LENTEJAS Y PARMESANO

Optar por las lentejas, ricas en cobre, en lugar de utilizar carne de ternera picada nos permite
— seguir recibiendo una buena cantidad de proteínas, pero además aumentar la ingesta —
de fibra y reducir la cantidad de grasa saturada habitual en una boloñesa

PARA 6 PERSONAS
1 HORA 15 MINUTOS

20 g de hongos porcini secos
(Boletus edulis)

2 cebollas moradas grandes

2 dientes de ajo

2 zanahorias

2 ramas de apio

2 ramitas de romero fresco

aceite de oliva

1 hoja de laurel fresco

100 ml de Chianti

400 g de lentejas verdes
en conserva

800 g de tomates perita
en conserva

450 g de espaguetis integrales

½ manojo de perejil fresco (15 g)

100 g de parmesano

En un bol pequeño, cubrir los hongos con agua hirviendo para rehidratarlos. Pelar las cebollas, los ajos y las zanahorias, limpiar el apio y picar todo finamente con las hojas de romero. Poner una cacerola grande a fuego medio-suave con 1 cucharada de aceite, añadir las verduras picadas, el romero y el laurel. Cocerlo tapado 20 minutos, o hasta que las verduras estén blandas, removiendo de vez en cuando.

Escurrir y picar finamente los hongos y añadirlos a la cacerola con el agua del remojo, colándola por si hubiera tierra. Subir el fuego a medio-fuerte, agregar el Chianti y dejarlo evaporar. Añadir las lentejas con su jugo y los tomates, aplastándolos con una cuchara de madera. Agregar 200 ml de agua. Llevar la salsa a ebullición, reducir de nuevo el fuego y cocerla a fuego lento 35 minutos, o hasta que espese. Probar y rectificar la sazón.

Mientras, cocer los espaguetis en una cacerola grande con agua hirviendo salada siguiendo las instrucciones del paquete; escurrirlos reservando una taza del agua de cocción. Mezclar los espaguetis con la salsa boloñesa, aclarándola con un poco del agua reservada, si fuera necesario. Picar finamente las hojas del perejil y agregarlas, rallar por encima casi todo el parmesano y remover para integrarlo con la pasta. Servirla en los platos, rallar encima el resto del parmesano, ¡y a comer!

CALORÍAS	GRASAS	GRASAS SATURADAS	PROTEÍNAS	CARBOHIDRATOS	AZÚCARES	SAL	FIBRA	3 PORCIONES VERDURA Y FRUTA
441 kcal	9,8 g	4 g	22 g	67,2 g	12,7 g	0,8 g	11,4 g	

PASTA AL HORNO DE JOOLS
CON ATÚN, PUERROS, HINOJO Y TOMATES

El fantástico atún en conserva, indispensable en cualquier alacena, es el protagonista de este
— plato tan popular. El atún nos aporta selenio, que ayuda a proteger nuestras células, y da —
salud y vigor a la piel y el cabello

PARA 4 PERSONAS
1 HORA 10 MINUTOS

4 aceitunas negras con carozo

4 dientes de ajo

aceite de oliva

2 puerros

1 bulbo de hinojo

800 g de tomates perita
   en conserva

320 g de atún en conserva,
   al natural

300 g de pasta seca integral

½ manojo de perejil fresco (15 g)

150 g de ricota

20 g de parmesano

Descarozar las aceitunas y picarlas, pelar y cortar los ajos en rodajas finas. Poner una cacerola grande a fuego medio con 1 cucharada de aceite, las aceitunas y los ajos. Rehogar removiendo. Mientras, lavar y picar finamente los puerros y el hinojo y añadir a la cacerola. Cocnarlo tapado 15 minutos, o hasta que las verduras estén blandas, removiendo con frecuencia.

Precalentar el horno a 180 °C. Agregar los tomates a la cacerola, aplastándolos con una cuchara de madera, y añadir 100 ml de agua. Escurrir el atún y desmenuzarlo en la cacerola. Seguir cociendo a fuego lento 10 minutos. Mientras, cocer la pasta en una cacerola grande con agua hirviendo salada 5 minutos y escurrirla (para este plato me gusta mezclar diferentes tipos de pasta, así queda más divertido, y es una forma excelente de terminar los paquetes de pasta a medias que tienes en la alacena).

Picar finamente las hojas del perejil y añadirlo a la salsa con la ricota y la pasta escurrida, probar y rectificar la sazón. Poner todo en una fuente de horno, rallar fino el parmesano por arriba y hornear durante 30 minutos, o hasta que la superficie esté dorada. Es ideal con una ensalada verde como acompañamiento.

CALORÍAS	GRASAS	GRASAS SATURADAS	PROTEÍNAS	CARBOHIDRATOS	AZÚCARES	SAL	FIBRA	3 PORCIONES VERDURA Y FRUTA
500 kcal	10,3 g	3,3 g	41,7 g	63,8 g	14,7 g	1,3 g	12 g	

RISOTTO CON CALABAZA, SALCHICHAS, RADICCHIO, TOMILLO Y PARMESANO

— Un poco de salchicha da mucho de sí en este delicioso plato. La he combinado con calabaza, que aporta vitaminas A y C, que son necesarias para mantener la piel tersa y sana —

PARA 4 PERSONAS
55 MINUTOS

4 salchichas frescas

aceite de oliva

1 cucharadita de semillas
   de hinojo

½ cucharadita de ají molido

½ calabaza (600 g)

2 cebollas

1,2 litros de caldo de pollo
   o de verduras

125 ml de Chianti

300 g de arroz arborio

1 radicchio o 2 endivias rojas

300 g de ricota

15 g de parmesano

2 ramitas de tomillo fresco

Cortar en rodajas finas las salchichas y ponerlas en una cacerola grande de bordes altos a fuego medio con 1 cucharada de aceite, las semillas de hinojo y el ají molido. Sofreír todo y, mientras, cortar el zapallo en dados de 1 cm (dejando la cáscara y retirando las semillas). Pelar y picar finamente las cebollas. Añadir las verduras a la cacerola, taparla a medias y cocer unos 20 minutos, o hasta que la calabaza empiece a romperse y a caramelizarse, removiendo con frecuencia. Calentar el caldo en una cacerola a fuego suave.

Retirar la calabaza y reservarla, verter el Chianti en la cacerola. Dejar que se evapore el vino, rascando el fondo para recuperar todo lo que se haya pegado. Incorporar el arroz, rehogarlo 2 minutos, añadir el caldo poco a poco, un cucharón cada vez, removiendo sin parar hasta que se evapore antes de agregar otro cucharón. Seguir removiendo y añadiendo caldo para que el arroz suelte todo el almidón durante 20 minutos, o hasta que el arroz esté al dente y el risotto, bien cremoso.

Cortar en rodajas finas el radicchio o las endivias rojas y mezclar con el risotto y la ricota, probar y rectificar la sazón. Servir con el parmesano rallado bien fino y las hojitas del tomillo.

Variación vegetariana

Para convertir esta receta en vegetariana, solo hay que sustituir la salchicha por 400 g de porotos colorados en conserva y añadirlos junto con el arroz.

CALORÍAS	GRASAS	GRASAS SATURADAS	PROTEÍNAS	CARBOHIDRATOS	AZÚCARES	SAL	FIBRA	2 PORCIONES VERDURA Y FRUTA
600 kcal	15,6 g	5,1 g	31,1 g	79,6 g	12,2 g	1,2 g	3,9 g	

ESPAGUETIS ROJOS CON POLLO
Y VERDURAS

Las pechugas de pollo, tan populares y prácticas, son ricas en vitamina B6 y niacina, que nos
— ayudan a pensar correctamente, y también contienen fósforo, que contribuye a mantener —
los huesos fuertes y sanos

PARA 4 PERSONAS
30 MINUTOS

1 manojo de cebollitas de verdeo

1 manojo de espárragos (350 g)

2 pechugas de pollo sin piel,
    de 200 g cada una

aceite de oliva

5 dientes de ajo

1 limón

1 manojo de tomillo
    fresco (30 g)

300 g de espaguetis integrales

8 tomates secos en aceite

4 morrones rojos grandes
    asados y pelados
    en salmuera (350 g)

½ cucharadita de ají molido

2 ramitas de albahaca fresca

Limpiar las cebollitas de verdeo y retirar la parte dura de los espárragos, poner todo en una cacerola a fuego medio-fuerte y rehogar, removiendo de vez en cuando. Mientras, abrir las pechugas de pollo, y, con la base de una sartén, aplanarles un poco la parte más gruesa hasta que tengan aproximadamente 1,5 cm de grosor. Aliñarlas con 1 cucharada de aceite y una pizca de sal marina y de pimienta negra. Agregar al aliño 4 dientes de ajo aplastados, las raspaduras de la cáscara del limón hechas con un pelador de verduras y las ramitas de tomillo. Frotar las pechugas con el aliño para que se impregnen de los sabores.

Cuando las verduras estén doradas, ponerlas en un plato y pasar el pollo con los ajos, la cáscara de limón y el tomillo a la cacerola. Cocer el pollo 8 minutos, o hasta que esté tierno y dorado, dándolo vuelta cada dos minutos. Cuando el pollo esté hecho, agregar de nuevo las verduras para calentarlas. Luego apagar el fuego, pero mantener la cacerola caliente hasta el momento de servir.

Mientras, cocer los espaguetis en una cacerola grande con agua hirviendo salada siguiendo las instrucciones del paquete. Pelar el diente de ajo restante y ponerlo en una picadora con los tomates secos, los morrones secados con papel de cocina, el ají molido y una pizca de pimienta negra. Triturar hasta obtener una salsa homogénea. Escurrir la pasta, reservando una taza del agua de cocción, ponerla de nuevo en la cacerola y removerla con la salsa a fuego medio, aclarándola con un poco del agua reservada, si fuera necesario. Cortar el pollo en diagonal en trozos de 1 cm, mezclarlo con los jugos de la cacerola y servirlo con la pasta y las verduras, con unas hojas de albahaca y unos gajos de limón, para exprimir por arriba.

CALORÍAS	GRASAS	GRASAS SATURADAS	PROTEÍNAS	CARBOHIDRATOS	AZÚCARES	SAL	FIBRA	2 PORCIONES VERDURA Y FRUTA
460 kcal	14,5 g	2,3 g	26,9 g	58,7 g	8,6 g	1,2 g	7,4 g	

LASAÑA DE INVIERNO CON REPOLLO Y POLLO CREMOSO A LA CAZUELA

Hemos utilizado hongos portobello en lugar de champiñones porque suelen cultivarse al aire libre, de modo que gracias a la luz solar tienen un poco de vitamina D

PARA 8 PERSONAS
2 HORAS 20 MINUTOS

aceite de oliva

8 muslos de pollo sin piel ni hueso

2 puerros

2 ramas de apio

2 bulbos de hinojo

4 fetas de panceta ahumada

2 hojas de laurel fresco

½ manojo de tomillo fresco (15 g)

2 cucharadas colmadas de harina integral

2 cucharaditas colmadas de mostaza inglesa

1 litro de leche semidescremada

1 repollo crespo mediano

400 g de hongos portobellos pequeños

500 g de láminas de lasaña frescas

30 g de parmesano

1 pan integral

Poner una cacerola grande a fuego fuerte con 1 cucharada de aceite. Dorar los muslos de pollo en todos sus lados, removiendo de vez en cuando. Mientras, lavar, limpiar y cortar en rodajas finas los puerros, el apio y el hinojo, reservarlos. Cortar en trocitos la panceta y añadirla a la cacerola con las hojas de laurel y las de tomillo y sofreír hasta que la panceta empiece a dorarse. Incorporar las verduras y rehogar 15 minutos, removiendo a menudo. Añadir la harina, la mostaza y una pizca de sal marina y de pimienta negra y verter la leche poco a poco. Bajar el fuego, tapar la cacerola y cocer el relleno a fuego lento 20 minutos. Remover con frecuencia.

Separar y lavar las hojas más verdes del repollo (350 g en total), y reservar el resto para otra receta. Cortar y desechar los tallos, alinear las hojas y cortarlas en trozos de 2 cm. Cortar en rodajas finas los hongos y añadirlos a la cacerola con el repollo y 700 ml de agua hirviendo. Cocer a fuego lento 30 minutos más. Precalentar el horno a 180 °C.

Apagar el fuego y desmenuzar el pollo en tiras con dos tenedores. Probar y rectificar la sazón. Poner una capa de relleno de pollo en una fuente de horno (25 cm x 35 cm). Disponer encima dos láminas de lasaña en trozos, repetir la operación hasta terminar con toda la pasta y el relleno. Con los dedos, presionar la superficie para arrugarla y crear texturas diferentes —la idea es que tenga un aspecto rústico— y rallar finamente el parmesano por arriba. Hornear la lasaña durante 40 minutos, o hasta que la superficie esté dorada. Dejarla reposar 5 minutos y servirla con el pan, para mojar.

CALORÍAS	GRASAS	GRASAS SATURADAS	PROTEÍNAS	CARBOHIDRATOS	AZÚCARES	SAL	FIBRA	3 PORCIONES VERDURA Y FRUTA
501 kcal	15,8 g	5,8 g	35 g	54,2 g	13 g	1,5 g	9,6 g	

RISOTTO CON TOMATE
Y SALSA DE ALBAHACA Y AJO

Nuestro humilde amigo, el tomate, oculta un verdadero tesoro de vitamina C, una de cuyas funciones es actuar como antioxidante para proteger nuestras células, y así reparar o prevenir los daños causados por factores externos

PARA 4 PERSONAS

30 MINUTOS

2 cebollas

2 zanahorias

2 ramas de apio

aceite de oliva

1,2 litros de caldo
de verduras

400 g de tomates perita
en conserva

1 manojo de albahaca
fresca (30 g)

1 diente de ajo

aceite de oliva extra virgen

300 g de arroz arborio

½ ají picante rojo

300 g de ricota

Pelar las cebollas y las zanahorias, limpiar el apio, picar todo finamente y ponerlo en una cacerola grande de bordes altos a fuego medio con 1 cucharada de aceite de oliva. Sofreír las verduras 10 minutos, o hasta que estén blandas, removiendo de vez en cuando. Cocer a fuego lento el caldo y los tomates en una cacerola.

Reservar las hojas de albahaca más pequeñas en una taza con agua fría, luego poner la mitad del resto de las hojas en una picadora, y echar los tallos al caldo. Pelar el ajo y añadirlo a la picadora con medio cucharón de caldo caliente y triturar hasta que la mezcla esté homogénea. Añadir 2 cucharadas de aceite de oliva extra virgen, triturar de nuevo, probar y rectificar la sazón de la salsa.

Rehogar el arroz con las verduras 2 minutos, añadir el caldo con tomate poco a poco, pasándolo por un colador y apretando los tomates, un cucharón cada vez, removiendo sin parar y dejando que se evapore el caldo antes de añadir otro cucharón. Seguir removiendo y añadiendo caldo para que el arroz suelte todo el almidón durante 20 minutos, o hasta que el arroz esté al dente y el risotto, bien cremoso. Retirarle las semillas al ají y picarlo finamente, mezclarlo con el risotto y con la ricota. Probar y rectificar la sazón. Servir el risotto con la salsa de albahaca y ajo, y poner las hojas de albahaca reservadas por encima.

CALORÍAS	GRASAS	GRASAS SATURADAS	PROTEÍNAS	CARBOHIDRATOS	AZÚCARES	SAL	FIBRA	3 PORCIONES VERDURA Y FRUTA
516 kcal	15,4 g	4,2 g	17,1 g	77,7 g	14,8 g	0,6 g	4,1 g	

PASTA CON HONGOS, AJO Y SALSA CREMOSA DE TOMILLO Y TRUFA

La mayoría de los hongos más comunes, es decir, los que encontramos en los comercios,
— contienen mucho cobre, que necesitamos para mantener fuerte y sano todo el tejido —
conectivo de nuestro cuerpo

PARA 4 PERSONAS
30 MINUTOS

4 dientes de ajo

2 cebollas moradas

aceite de oliva

½ manojo de tomillo
    fresco (15 g)

½ cucharadita de ají molido

350 g de hongos
    portobello pequeños

300 g de fusilli integrales

1 cucharada colmada de harina
    integral

400 ml de leche semidescremada

1 cucharadita de aceite de trufa

300 g de ricota

½ manojo de perejil fresco (15 g)

1 limón

20 g de parmesano

Pelar y cortar en rodajas finas el ajo y las cebollas y ponerlos en una cacerola grande a fuego medio con 1 cucharada de aceite. Añadir las hojas del tomillo y el ají molido y cocer 10 minutos, o hasta que todo esté ligeramente dorado, removiendo de vez en cuando. Mientras, cortar los hongos lo más finos posible, agregar tres cuartas partes a la cacerola y reservar el resto (esto le dará al plato un agradable contraste entre el profundo sabor a tierra de los hongos cocidos de la salsa y los crudos, con sabor a frutos secos, que se añaden más tarde).

Cocer la pasta en una cacerola grande con agua hirviendo salada siguiendo las instrucciones del paquete y escurrirla bien, reservando una taza del agua de cocción.

Incorporar la harina a la olla de las verduras y rehogarla 1 minuto, verter la leche y dejar a fuego lento 5 minutos. Poner la mezcla en una licuadora con el aceite de trufa, y triturar hasta que la salsa quede homogénea (el truco del aceite de trufa es usarlo sutilmente para potenciar los otros sabores, no para enmascararlos). Pasar de nuevo la salsa a la cacerola y añadir la pasta escurrida y la ricota. Picar finamente las hojas del perejil, agregarlas y remover bien todo, aclarando con un poco del agua reservada, si fuera necesario. Probar y rectificar la sazón, mezclar los hongos crudos reservados, servir la pasta en los platos y terminar con la ralladura de limón y el parmesano rallado.

CALORÍAS	GRASAS	GRASAS SATURADAS	PROTEÍNAS	CARBOHIDRATOS	AZÚCARES	SAL	FIBRA	2 PORCIONES VERDURA Y FRUTA
498 kcal	14,4 g	5,8 g	25,9 g	69,8 g	14,7 g	0,8 g	10 g	

PASTA AGRIDULCE CON MORRONES, RICOTA SALADA Y ALBAHACA

Los coloridos morrones son muy ricos en vitamina C, considerablemente más que otras
— muchas frutas y verduras, lo que significa que este plato es perfecto para dar un buen —
impulso a tu sistema inmunológico

PARA 4 PERSONAS
50 MINUTOS

2 cebollas moradas

2 morrones rojos

2 morrones amarillos

50 g de piñones

aceite de oliva

4 dientes de ajo

1 cucharadita de semillas
de hinojo

½ cucharadita de ají molido

½ ramita de canela

120 g de pasas

4 cucharadas de aceto
balsámico

800 g de tomates perita
en conserva

300 g de macarrones
integrales secos

75 g de ricota salada o feta

4 ramitas de albahaca fresca

Pelar las cebollas y ponerlas en una cacerola grande con agua hirviendo salada junto con los morrones enteros. Colocar un colador encima para que las verduras queden sumergidas, y hervirlas 15 minutos. Con unas pinzas, retirar las cebollas y los morrones y pasarlos a una fuente, dejando el agua a fuego mínimo. Quitar y desechar los tallos y las semillas de los morrones, cuando estén lo suficientemente fríos para manipularlos; picar las cebollas y los morrones.

Tostar los piñones en una cacerola grande a fuego medio hasta que se doren, removiendo a menudo, y reservarlos en un plato. Añadir 1 cucharada de aceite a la cacerola, cortar el ajo en finas láminas y rehogarlo, junto con las semillas de hinojo, el ají molido y la ramita de canela. Cuando la mezcla empiece a dorarse, picar finamente las pasas y agregarlas a la cacerola con las cebollas y los morrones, cocer todo 10 minutos, removiendo con frecuencia. Cuando empiece a adherirse al fondo y a caramelizarse, añadir el aceto balsámico y los tomates, aplastándolos con una cuchara de madera. Verter en la cacerola 200 ml de agua. Llevar la salsa a ebullición, cocerla a fuego lento 15 minutos, removiendo de vez en cuando. Probar y rectificar la sazón, retirar la ramita de canela.

Mientras, llevar a ebullición de nuevo el agua, cocer la pasta siguiendo las instrucciones del paquete y escurrirla, reservando una taza del agua de cocción. Mezclar la pasta con la salsa, aclarándola con un poco del agua reservada, si fuera necesario. Desmenuzar o rallar el queso por encima y servirla con los piñones y las hojas de albahaca.

CALORÍAS	GRASAS	GRASAS SATURADAS	PROTEÍNAS	CARBOHIDRATOS	AZÚCARES	SAL	FIBRA	4 PORCIONES VERDURA Y FRUTA
600 kcal	16,7 g	2,7 g	19,3 g	99,4 g	49,6 g	0,4 g	14 g	

CANELONES SUPERVERDES CON SALSA CREMOSA DE RICOTA Y ALBAHACA

Este plato estupendo rinde homenaje a las verduras de hoja de estación, repletas
— de nutrientes, como el ácido fólico, fundamental para que nuestro cuerpo fabrique glóbulos —
rojos, que nos mantienen despiertos y alerta

PARA 6 PERSONAS
1 HORA 30 MINUTOS

2 cebollas

6 dientes de ajo

aceite de oliva

450 g de verduras frescas de
    estación, como kale, acelgas,
    repollo crespo, ortigas, rúcula,
    borraja

450 g de espinacas congeladas
    en trozos

1 nuez moscada entera,
    para rallar

½ limón

250 g de tubos de canelón secos

1 ají picante rojo

1 manojo de albahaca fresca (30 g)

1,2 kg de tomates perita en conserva

30 g de parmesano

250 g de ricota

1 huevo grande

200 ml de leche semidescremada

Pelar y cortar en rodajas finas las cebollas y 4 dientes de ajo y rehogarlos en una cacerola grande a fuego medio con 1 cucharada de aceite, removiendo bien. Mientras, lavar las verduras, retirando todos los tallos duros. Cortar las hojas y añadirlas a la cacerola con las espinacas congeladas y una buena ralladura de nuez moscada. Cocer 15 minutos, o hasta que la verdura esté tierna, removiendo con frecuencia. Poner todo en una picadora con la ralladura del limón y un chorrito de jugo y triturarlo bien fino. Probar y rectificar la sazón. Cuando el relleno de verduras se haya enfriado un poco, ponerlo en una manga pastelera y rellenar los canelones.

Precalentar el horno a 180 °C. Poner de nuevo la cacerola al fuego (no hace falta lavarla) con 1 cucharada de aceite. Pelar los ajos restantes, cortarlos en finas láminas junto con el ají y los tallos de albahaca, añadirlos a la cacerola y rehogarlos hasta que estén dorados. Verter los tomates, aplastándolos con una cuchara de madera. Agregar 200 ml de agua. Llevar la salsa a ebullición y cocerla a fuego lento 10 minutos (debe quedar bastante líquida, porque la pasta va a absorber una gran cantidad). Probar y rectificar la sazón. Verter la salsa en una fuente de horno (25 cm x 30 cm) y alinear los canelones rellenos encima, presionándolos para sumergirlos.

Rallar finamente el parmesano en la picadora y triturarlo con la ricota, el huevo, la leche, las hojas de albahaca y una pizca de sal marina y de pimienta negra. Cubrir bien los canelones con la mezcla y hornearlos en el estante inferior del horno 40 minutos, o hasta que estén dorados. Servir con pan integral con semillas, fuente de hidratos de carbono, y una ensalada fresca.

CALORÍAS	GRASAS	GRASAS SATURADAS	PROTEÍNAS	CARBOHIDRATOS	AZÚCARES	SAL	FIBRA	3 PORCIONES VERDURA Y FRUTA
383 kcal	12,8 g	5,4 g	21,2 g	46,4 g	14,8 g	0,7 g	7,6 g	

PASTA CON SALCHICHAS, BRÓCOLI Y SALSA DE TOMATE CON AJÍ

El brócoli es muy nutritivo y está repleto de vitamina K, que mantiene los huesos fuertes y sanos, y también contiene ácido fólico y vitamina C, que estimulan el sistema inmunológico y ayudan a pensar correctamente

—   —

PARA 4 PERSONAS
45 MINUTOS

350 g de brócoli

4 salchichas frescas

1-2 ajíes picantes rojos

aceite de oliva

2 cucharaditas de semillas
   de hinojo

4 dientes de ajo

2 cebollas

½ manojo de orégano
   fresco (15 g)

2 cucharadas de vinagre de vino
   tinto

400 g de tomates perita
   en conserva

300 g de tallarines integrales

40 g de parmesano

Separar las flores de brócoli del tallo. Retirar la parte dura del tallo, cortar el resto por la mitad a lo largo y ponerlo en una cacerola grande con agua salada hirviendo con las salchichas y los ajíes enteros. Tapar, dejar hervir 5 minutos y retirar todo, dejando el agua a fuego mínimo.

Mientras, cortar las flores de brócoli en trocitos pequeños y reservar. Cuando se hayan enfriado las salchichas, cortarlas en rodajas finas, igual que el tallo del brócoli y los ajíes, y poner todo en una sartén grande a fuego medio con 1 cucharada de aceite, las semillas de hinojo y una pizca de sal marina y de pimienta negra para rehogarlo. Mientras, pelar y cortar en rodajas finas los ajos y las cebollas. Cuando las salchichas empiecen a dorarse, añadir los ajos, al cabo de 1 minuto, las cebollas y las hojas de orégano. Cocer 15 minutos, o hasta que las verduras estén blandas, removiendo de vez en cuando. Añadir el vinagre y dejarlo evaporar, agregar los tomates, aplastándolos con una cuchara de madera. Verter 100 ml de agua en la cacerola. Cocer la salsa a fuego lento 15 minutos más, o hasta que espese. Probar y rectificar la sazón.

Mientras, llevar de nuevo a ebullición el agua de la cacerola y cocer la pasta siguiendo las instrucciones del paquete, añadiendo las flores de brócoli los últimos 4 minutos. Escurrir la pasta y el brócoli, reservando una taza del agua de cocción. Mezclar con la salsa, aclarándola con un poco del agua reservada, si fuera necesario. Rallar encima casi todo el parmesano y remover. Servir la pasta espolvoreada con el resto del parmesano rallado.

CALORÍAS	GRASAS	GRASAS SATURADAS	PROTEÍNAS	CARBOHIDRATOS	AZÚCARES	SAL	FIBRA	3 PORCIONES VERDURA Y FRUTA
502 kcal	17 g	5,7 g	27 g	64,3 g	12,1 g	1 g	12,1 g	

PICI DE ESPINACAS
CON ZUCCHINIS, TOMATES Y PIÑONES

Los piñones son ricos en proteínas y contienen grandes cantidades tanto de manganeso,
— necesario para proteger las células, como de grasas insaturadas, saludables para el corazón, —
pues mantienen a raya el colesterol sanguíneo

200 g de espinacas tiernas

300 g de harina tipo 00 o harina
común, y un poco más para
espolvorear

aceite de oliva

4 dientes de ajo

½ cucharadita de ají molido

200 g de zucchinis pequeños

320 g de tomates cherry
maduros

50 g de piñones

½ manojo de albahaca
fresca (15 g)

50 g de parmesano

aceite de oliva extra virgen

En una procesadora, triturar las espinacas y la harina hasta obtener un bollo de masa, que no hace falta amasar a mano. Tocar la masa y comprobar que no sea pegajosa —debe tener la consistencia de la plastilina—, y añadir un poco más de harina, si fuera necesario. Para hacer los pici, dividir la masa en bollos de 2 cm y estirarlos en forma de salchichas largas y delgadas —como chauchas finas— sobre la mesada limpia (lo bonito es que todos sean diferentes, por lo tanto pueden colaborar los niños). Se pueden cocer los pici de inmediato, o dejarlos secar unas horas, o incluso toda la noche.

Poner a hervir una cacerola grande con agua salada, y una sartén grande a fuego medio con 2 cucharadas de aceite de oliva. Pelar, cortar en láminas finas y saltear los ajos, con el ají molido. Cortar los zucchinis en rodajas finas y añadirlos, cortar los tomates por la mitad y agregarlos. Rehogar todo 5 minutos, incorporar los piñones y verter un cucharón de agua hirviendo. Seguir la cocción a fuego mínimo mientras se cocina la pasta.

Echar los pici a la cacerola de agua hirviendo salada. Si se cocina la pasta después de hacerla, bastarán unos 5 minutos, pero si se ha dejado secar, cocerla de 8 a 10 minutos, comprobando que quede al dente. Escurrirla, reservando una taza del agua de cocción, y mezclarla con las verduras. Reservar las hojitas pequeñas de la albahaca, cortar finas el resto y añadirlas a la cacerola con casi todo el parmesano rallado, aclarando con un poco del agua reservada, si fuera necesario. Servir la pasta en los platos calientes y aliñarla con unas gotas de aceite de oliva extra virgen, el resto del parmesano y las hojitas de albahaca sobre la superficie.

CALORÍAS	GRASAS	GRASAS SATURADAS	PROTEÍNAS	CARBOHIDRATOS	AZÚCARES	SAL	FIBRA	2 PORCIONES VERDURA Y FRUTA
500 kcal	21,6 g	4,3 g	20,2 g	56,6 g	5,8 g	0,4 g	4,7 g	

PASTEL DE ESPAGUETIS
CON BERENJENA Y TOMATE

La ventaja de los espaguetis integrales sobre los blancos es que pueden llegar a contener más
— del doble de fibra, además de aportar una gran cantidad de vitaminas del grupo B, que cuidan —
la salud de nuestro sistema metabólico

PARA 4 PERSONAS
1 HORA 30 MINUTOS

1 berenjena grande (350 g)

300 g de espaguetis integrales
    secos

aceite de oliva

4 ramitas de orégano fresco

2 cebollas moradas

½–1 ají picante rojo

400 g de tomates pera en conserva

300 g de ricota

2 huevos grandes

30 g de parmesano

1 limón

70 g de rúcula

1 cucharada de aceto balsámico

Sé previsor

Prepáralo a primera hora
del día y guárdalo en la
heladera hasta que lo
vayas a hornear.

Precalentar el horno a 180 °C. Colocar la berenjena entera en una cacerola grande con agua hirviendo salada. Poner un colador encima para que la berenjena quede sumergida, cocerla 15 minutos, retirarla y reservarla sobre una tabla. Añadir los espaguetis a la cacerola y cocerlos siguiendo las instrucciones del paquete, escurrirlos y ponerlos en un bol grande para que se enfríen.

Mientras, cortar la berenjena en trozos de 1 cm aproximadamente. Poner una sartén honda antiadherente de 26 cm que pueda ir al horno a fuego medio con 1 cucharada de aceite y la berenjena, añadir las hojas del orégano. Pelar las cebollas, cortarlas finas junto con el ají y colocar en la sartén. Cocerlas 15 minutos, o hasta que estén doradas, removiendo con frecuencia. Agregar los tomates, aplastándolos con una cuchara de madera, y añadir 100 ml de agua. Llevar la salsa a ebullición, cocer a fuego lento 10 minutos, o hasta que espese. Probar y rectificar la sazón.

Verter la salsa de tomate sobre los espaguetis, añadir la ricota, romper encima los huevos, agregar casi todo el parmesano rallado fino y mezclar todo muy bien. Pasar la mezcla de espaguetis a la sartén, presionándolos para obtener una superficie uniforme y alisando bien los bordes. Cocer el pastel a fuego medio 2 minutos, luego hornearlo en la parte inferior del horno 40 minutos, o hasta que esté dorado por todas partes. Ponerlo sobre una tabla, rallar por arriba el resto del parmesano, y servirlo con la rúcula aliñada con limón y un chorrito de aceto balsámico.

CALORÍAS	GRASAS	GRASAS SATURADAS	PROTEÍNAS	CARBOHIDRATOS	AZÚCARES	SAL	FIBRA	3 PORCIONES VERDURA Y FRUTA
496 kcal	15,7 g	5,8 g	26,7 g	66,2 g	15 g	0,9 g	8,7 g	

RISOTTO DE ARVEJAS Y ESPINACAS
CON MENTA, RICOTA Y PARMESANO

— El freezer es tu mejor aliado en este festival de arvejas dulces y portentosas espinacas, que aportan una buena dosis de vitaminas C y K, para mantener los huesos fuertes y sanos —

PARA 4 PERSONAS
40 MINUTOS

1 cebolla

2 ramas de apio

aceite de oliva

1,2 litros de caldo de verduras

300 g de arroz arborio

350 g de espinacas congeladas
    en trozos

350 g de arvejas congeladas

300 g de ricota

½ manojo de menta
    fresca (15 g)

15 g de parmesano

Pelar la cebolla, limpiar el apio, picar todo finamente y ponerlo en una cacerola alta a fuego medio con 1 cucharada de aceite. Rehogar 10 minutos, o hasta que las verduras estén blandas, removiendo de vez en cuando. Hervir el caldo a fuego lento en una cacerola.

Añadir el arroz y las espinacas a las verduras y seguir rehogando 2 minutos, verter el caldo poco a poco, un cucharón cada vez, removiendo sin parar y dejando que se evapore antes de añadir otro cucharón. Seguir removiendo y añadiendo caldo para que el arroz suelte todo el almidón durante 20 minutos, o hasta que el arroz esté al dente y el risotto bien cremoso. Incorporar la mitad de las arvejas durante los últimos minutos.

Triturar la ricota con el resto de las arvejas y casi todas las hojas de menta en una picadora hasta obtener una crema homogénea. Mezclar la mayor parte de esta crema con el risotto, probar y rectificar la sazón, repartir el risotto en los platos. Servirlo con una cucharada de crema por arriba, el parmesano rallado y el resto de las hojas de menta.

CALORÍAS	GRASAS	GRASAS SATURADAS	PROTEÍNAS	CARBOHIDRATOS	AZÚCARES	SAL	FIBRA	3 PORCIONES VERDURA Y FRUTA
517 kcal	12,1 g	4,6 g	24,8 g	76,8 g	7,4 g	0,5 g	8,3 g	

MACARRONES CON QUESO Y CALABAZA, PAN RALLADO CRUJIENTE Y POROTOS

La opción vegetal, es decir, hacer una salsa cremosa y reconfortante con calabaza,
— permite reducir la cantidad de queso y eliminar la manteca de los macarrones con —
queso tradicionales

PARA 6 PERSONAS
1 HORA 30 MINUTOS

1 puerro

1 cebolla

aceite de oliva

1 calabaza (1,2 kg)

1 cucharada colmada de harina
    integral

500 ml de leche semidescremada

450 g de macarrones secos

2 cucharaditas colmadas
    de mostaza inglesa

300 g de ricota

40 g de parmesano

400 g de porotos blancos
    en conserva

2 dientes de ajo

1 cucharadita de ají molido

2 ramitas de romero fresco

1 rebanada de pan integral (50 g)

Lavar y cortar el puerro, pelar la cebolla, picar todo finamente y poner en una cacerola a fuego medio con 1 cucharada de aceite. Rehogar removiendo a menudo. Mientras, cortar la calabaza por la mitad longitudinalmente, retirar las semillas y reservarlas. Cortar la calabaza en trozos de 2 cm, dejando la cáscara, y añadirla a la cacerola. Rehogarla 10 minutos, incorporar la harina, remover, verter la leche y 500 ml de agua. Cocer a fuego lento, medio tapado, 35 minutos, o hasta que la calabaza esté tierna, removiendo de vez en cuando.

Mientras, precalentar el horno a 180 °C. Hervir los macarrones en una cacerola grande con agua hirviendo salada 5 minutos, escurrirlos y devolverlos a la cacerola. Poner las verduras en una licuadora y triturarlas hasta que quede una salsa homogénea (hacerlo en tandas, si fuera necesario). Probar y rectificar la sazón, integrarla a la pasta, añadir la mostaza, la ricota y casi todo el parmesano rallado, y remover bien. Pasar los macarrones a una fuente de horno de bordes altos (30 cm x 40 cm), rallar por arriba el resto del parmesano. Hornearlos durante unos 40 minutos, o hasta que estén bien dorados.

Cuando falten 15 minutos para terminar la cocción, escurrir los porotos, freírlos en una sartén grande a fuego medio-fuerte 5 minutos, o hasta que se doren, removiendo de vez en cuando. Pelar los ajos y ponerlos en la picadora con el ají molido, las semillas de calabaza, las hojas de romero y el pan, y triturar todo bien fino, como si fuera un pan rallado. Añadirlo a los porotos, tostarlo removiendo hasta que esté crujiente. Servir la pasta con los porotos con pan rallado a un lado. Se puede acompañar con una ensalada aliñada con limón.

CALORÍAS	GRASAS	GRASAS SATURADAS	PROTEÍNAS	CARBOHIDRATOS	AZÚCARES	SAL	FIBRA	2 PORCIONES VERDURA Y FRUTA
566 kcal	11,2 g	4,6 g	26,2 g	94,4 g	19,8 g	0,8 g	10 g	

RISOTTO DE LANGOSTINOS E HINOJO
CON PANCETA Y AJÍ CRUJIENTES

Los langostinos son un alimento muy apreciado y superrico en vitamina B12, que nuestro
cuerpo necesita para fabricar glóbulos rojos, mientras que el aromático hinojo nos aporta
potasio, que ayuda a mantener bajo control la presión arterial

PARA 4 PERSONAS

40 MINUTOS

2 cebollas

1 bulbo de hinojo

2 fetas de panceta ahumada

aceite de oliva

225 g de langostinos grandes,
   crudos y pelados

1 litro de caldo de verduras

1 diente de ajo

1 ají picante rojo

400 g de tomates cherry
   maduros

300 g de arroz arborio

½ manojo de perejil
   fresco (15 g)

1 limón

300 g de ricota

Pelar y picar finamente las cebollas, limpiar y cortar en rodajas finas el hinojo. Poner la panceta en una cacerola de bordes altos a fuego medio hasta que esté crujiente y haya soltado toda la grasa, y sacarla a un plato dejando el aceite. Añadir las cebollas y el hinojo a la cacerola con 1 cucharada de aceite y un chorrito de agua. Rehogar la verdura 10 minutos, o hasta que esté blanda, removiendo con frecuencia.

Mientras, con un cuchillo afilado cortar el dorso de los langostinos y retirar la tripa, si fuera necesario, y reservarlos. Calentar el caldo en una cacerola a fuego lento con el diente de ajo pelado y el ají cortado por la mitad y sin semillas. Pinchar los tomates con la punta de un chuchillo y echarlos al caldo, junto con las ramas para intensificar el sabor. Al cabo de 1 minuto retirar los tomates, pelarlos y desechar las pieles.

Rehogar el arroz con las verduras 2 minutos, añadir el caldo poco a poco colándolo, un cucharón cada vez, removiendo sin parar y dejando que se evapore antes de añadir otro cucharón. Seguir removiendo y añadiendo caldo para que el arroz suelte todo el almidón durante 20 minutos, o hasta que el arroz esté al dente y el risotto, bien cremoso. Incorporar los langostinos y los tomates durante los últimos 5 minutos.

Aparte, picar finamente las hojas de perejil con la ralladura del limón, el ají y el ajo que habremos recuperado del caldo y la panceta crujiente. Incorporar la ricota al risotto, probar y rectificar la sazón, servir los platos con el terminado crujiente espolvoreado por encima.

CALORÍAS	GRASAS	GRASAS SATURADAS	PROTEÍNAS	CARBOHIDRATOS	AZÚCARES	SAL	FIBRA	2 PORCIONES VERDURA Y FRUTA
501 kcal	10,5 g	3,7 g	26,9 g	75,2 g	12,7 g	0,8 g	4,8 g	

RAVIOLIS DE CALABAZA Y RICOTA, SALSA DE TOMATE CON 7 VERDURAS, RÚCULA Y PARMESANO

Además de ser muy cremosa, la ricota es una gran fuente de minerales, como calcio
— y fósforo, ambos esenciales para tener unos huesos y dientes sanos, con la ventaja de ser —
menos grasa que la mayoría de los quesos

PARA 4 PERSONAS
2 HORAS 30 MINUTOS

1 calabaza pequeña (900 g)

250 g de ricota

½ manojo de albahaca
fresca picada (15 g)

3 huevos grandes

300 g de harina tipo 00
o harina común, y un poco
más para espolvorear

600 ml de salsa de tomate
y 7 verduras (véase
página 234)

70 g de rúcula

10 g de parmesano

aceite de oliva extra virgen

Precalentar el horno a 180 °C. En una fuente, asar la calabaza entera 1 hora. Añadir la ricota y asar otros 30 minutos, o hasta que la calabaza esté tierna. Cortarla por la mitad, desechar la cáscara y las semillas. Hacer un puré con la calabaza, la ricota y la albahaca, recuperando lo pegado en la fuente.

Para hacer la pasta, amasar los huevos y la harina en una batidora hasta obtener un bollo. Amasar sobre la mesada hasta que quede lisa. Cortarla por la mitad, envolverlo en film transparente y dejar reposar 30 minutos.

Aplanar uno de los bollos con la palma de la mano. Pasarla por la máquina de hacer pasta, empezando por la posición más ancha. Poner la máquina en una posición inferior y pasarla de nuevo para hacerla más delgada. Doblar la masa por la mitad, volver a poner el selector en la posición más ancha y pasarla de nuevo. Repetir la operación varias veces para obtener una masa superlisa. Pasar la pasta por todas las posiciones del selector, desde la más ancha hasta la más estrecha, enharinándola un poco cada vez. Girar la manivela con una mano y con la otra aguantar la masa, para evitar dobleces y arrugas. Estirarla hasta darle un grosor de 1 mm, extenderla sobre la mesada y cortar círculos de 12 cm. Poner 1 cucharadita colmada de relleno en el centro de cada uno, untar con agua los bordes del círculo de pasta, doblarlo por la mitad en forma de media luna, presionando suavemente para eliminar el aire y sellarlo. Repetir el proceso con el segundo bollo de masa.

Calentar la salsa en una cacerola, y cocer la pasta, en tandas, en otra cacerola con agua hirviendo salada 2 minutos. Mezclar la pasta con la salsa y la rúcula y servirla con el parmesano rallado y unas gotas de aceite de oliva.

CALORÍAS	GRASAS	GRASAS SATURADAS	PROTEÍNAS	CARBOHIDRATOS	AZÚCARES	SAL	FIBRA	3 PORCIONES VERDURA Y FRUTA
536 kcal	13,6 g	5,8 g	26 g	79,7 g	19,4 g	0,5 g	8,2 g	

SOPAS

Boles equilibrados y abundantes

que te saciarán y despertarán tus sentidos

SOPA DE LETRAS Y TOMATE
CON ALBAHACA Y CHEDDAR

Con una gran cantidad de deliciosos tomates frescos y ají, esta sopa nos aporta una
— buena dosis de vitamina C que refuerza los vasos sanguíneos para que el corazón no deba —
esforzarse tanto para bombear sangre por todo el cuerpo

PARA 4 PERSONAS

1 HORA

2 cebollas moradas

2 zanahorias

2 ramas de apio

aceite de oliva

½–1 ají picante rojo

½ cabeza de ajo

½ manojo de albahaca
    fresca (15 g)

1½ kg de tomates cherry
    maduros

300 g de pasta de letras

80 g de queso cheddar

La idea de esta receta es rehogar todo rápidamente, luego dejar que el fuego trabaje, dándole a la sopa un sabor que te recordará inmediatamente el increíble olor de los tomates en un invernadero. Pelar las cebollas, limpiar las zanahorias y el apio, cortar todo en trozos de 2 cm y ponerlo en una cacerola grande a fuego medio-fuerte con 1 cucharada de aceite. Añadir el ají picante sin las semillas; aplastar los dientes de ajo enteros con cáscara y agregarlos también. Reservar las hojitas pequeñas de la albahaca en una taza con agua fría y añadir el resto del manojo (con los tallos, para dar más sabor) a la cacerola. Lavar e incorporar los tomates enteros, con los tallos. Rehogar el conjunto 5 minutos y cubrirlo con 2 litros de agua. Hervirlo a fuego fuerte 40 minutos y apagar el fuego.

Poner otra cacerola al lado con un colador encima, colar la sopa machacando bien las verduras para aprovechar toda la sustancia, desechando solo los tallos y las pieles. Una vez colada, ponerla de nuevo en el fuego, llevarla a ebullición, agregar la pasta y cocerla a fuego lento hasta que esté a punto. Probar y rectificar la sazón. Servir la sopa con el queso rallado y las hojitas de albahaca reservadas.

Sobras valiosas

Si no vas a servir las cuatro porciones en la misma comida, guarda las restantes toda la noche en la heladera, la pasta absorberá aún más líquido de la sopa, y será un bocadillo perfecto sobre un buen trozo de pan tostado integral.

CALORÍAS	GRASAS	GRASAS SATURADAS	PROTEÍNAS	CARBOHIDRATOS	AZÚCARES	SAL	FIBRA	3 PORCIONES VERDURA Y FRUTA
487 kcal	13,2 g	5,4 g	18,7 g	78,3 g	22,5 g	0,6 g	18,7 g	

CREMA DE ESPINACAS, HONGOS Y ARROZ CON CRUJIENTE DE PARMESANO Y AVELLANAS

Con un kilo entero de potentes espinacas, este plato nos ofrece una buena dosis
— de micronutrientes, en particular de vitamina K, que nuestro cuerpo necesita para tener —
unos huesos sanos y una coagulación sanguínea perfecta

PARA 4 PERSONAS
50 MINUTOS

2 cebollas

2 dientes de ajo

2 ramas de apio

2 cucharadas de hongos porcini
secos (*Boletus edulis*)

2 ramitas de romero fresco

aceite de oliva

4 hongos portobello grandes

300 g de arroz arborio

1½ litros de caldo de pollo
o de verduras

1 kg de espinacas congeladas
en trozos

2 cucharadas de avellanas
peladas

60 g de parmesano

1 nuez moscada entera, para rallar

4 cucharadas de yogur natural

1 limón

aceite de oliva extra virgen

Precalentar el horno a 180 °C. Pelar las cebollas y los ajos, limpiar el apio, picar todo finamente con los hongos y las hojas de romero (o triturarlo en una picadora). Poner una cacerola grande a fuego medio-fuerte con 1 cucharada de aceite de oliva. Añadir las verduras y rehogarlas 10 minutos, o hasta que estén tiernas, removiendo de vez en cuando. Picar finamente los portobello, agregarlos a la cacerola y cocer todo 10 minutos más. Rehogar el arroz 2 minutos, verter el caldo, añadir las espinacas congeladas y cocer la sopa a fuego lento 20 minutos, removiendo de vez en cuando.

Mientras, machacar las avellanas en un mortero hasta que estén finas. Forrar una fuente (25 cm x 30 cm) con papel de horno y untarlo con 1 cucharadita de aceite de oliva. Rallar fino el parmesano encima del papel en una capa uniforme, esparcir las avellanas y un poco de nuez moscada recién rallada. Hornear 12 minutos, o hasta que se dore, vigilándolo constantemente. Dejar enfriar el crujiente, romperlo en pedazos y separarlo del papel.

A mí me gusta procesar una tercera parte de la sopa con una licuadora de mano y mezclarla de nuevo con el resto de la sopa, para que tenga una textura más cremosa, pero puedes servir la sopa sin licuarla, si lo prefieres. Probar y rectificar la sazón, servir la sopa en los boles. Poner en cada uno 1 cucharada de yogur, un chorrito de jugo de limón y 1 cucharadita de aceite de oliva extra virgen (usa aceite de la nueva cosecha, si puedes conseguirlo). Llevarlos a la mesa con el crujiente de parmesano y avellanas.

CALORÍAS	GRASAS	GRASAS SATURADAS	PROTEÍNAS	CARBOHIDRATOS	AZÚCARES	SAL	FIBRA	3 PORCIONES VERDURA Y FRUTA
575 kcal	19,4 g	5,3 g	26,6 g	71,9 g	9,4 g	0,5 g	10,2 g	

SOPA PERUANA DE BATATA, CHOCLO, MORRÓN, POLLO Y QUINUA

— Además de aportarnos gran cantidad de vitamina C, la batata también nos proporciona manganeso, indispensable para la buena salud de todos los huesos y el tejido conectivo del cuerpo —

PARA 4 PERSONAS
1 HORA 10 MINUTOS

1 cebolla morada grande

2 dientes de ajo

2 morrones de distintos colores

500 g de papas

500 g de batatas

1 ají picante rojo

2 muslos de pollo, sin piel ni hueso

aceite de oliva

una pizca de semillas de comino

1 cucharadita de semillas de cilantro

2 clavos de olor

1½ litros de caldo de verduras o de pollo

2 choclos

2 limas

150 g de quinua

1 manojo de cilantro fresco (30 g)

80 g de feta

Pelar la cebolla y cortarla en dados de 1 cm, pelar y picar finamente los ajos. Retirar las semillas de los morrones, lavar las papas y las batatas (dejando la cáscara para que tengan más propiedades nutricionales), y cortar todo en dados de 2 cm. Picar el ají.

Poner una cacerola grande a fuego medio-fuerte. Cortar en trozos pequeños los muslos de pollo y ponerlos en la cacerola con 1 cucharada de aceite. Rehogarlos removiendo a menudo. Mientras, machacar las semillas de comino y de cilantro en un mortero con los clavos y una pizca de sal marina y de pimienta negra, hasta que quede todo bien fino. Verter la mezcla de especias en la cacerola, y seguir removiendo con frecuencia hasta que el pollo esté dorado. Incorporar todas las verduras y cocerlas 15 minutos, también removiendo. Agregar el caldo, llevarlo a ebullición y cocer a fuego lento 30 minutos.

Con un cuchillo grande, cortar los choclos en rodajas de 2 cm, golpeando con cuidado con un rodillo para atravesar el centro. Cortar 1 lima por la mitad y añadirla a la cacerola con el choclo y la quinua. Cocer 15 minutos, o hasta que la quinua y el choclo estén hechos. Probar la sopa y rectificar la sazón. Picar finamente las hojas de cilantro, desmenuzar el queso feta, añadirlos a la sopa, dejando que todo se rompa un poco para obtener una gran variedad de texturas. Servir la sopa con gajos de lima para exprimir por arriba.

CALORÍAS	GRASAS	GRASAS SATURADAS	PROTEÍNAS	CARBOHIDRATOS	AZÚCARES	SAL	FIBRA	3 PORCIONES VERDURA Y FRUTA
533 kcal	14,3 g	4,3 g	24,5 g	82,1 g	18,2 g	1,3 g	10,2 g	

SOPA DE POROTOS NEGROS CON HUEVOS ESCALFADOS, SALSA Y TORTILLAS

Esta sopa tradicional de Costa Rica rinde homenaje a los humildes porotos negros,
— extraordinariamente ricos tanto en proteínas como en fibra dietética, que ayuda a los —
intestinos a funcionar con regularidad. ¡Nos gusta!

PARA 4 PERSONAS
50 MINUTOS

2 cebollas moradas

2 dientes de ajo

2 ramas de apio

2 morrones de distintos colores

aceite de oliva

2 hojas de laurel fresco

2 ajíes picantes rojos

2 ramitas de tomillo fresco

800 g de porotos negros
en conserva

4 huevos grandes

½ manojo de cilantro
fresco (15 g)

40 g de feta

½ lima

4 tortillas de maíz

Pelar las cebollas y los ajos, limpiar el apio, retirar las semillas de los morrones, picar todo finamente y ponerlo en una cacerola grande a fuego medio con 1 cucharada de aceite y las hojas de laurel. Cortar en rodajas finas 1 ají picante y añadirlo a la cacerola con las hojas del tomillo. Rehogar todo 10 minutos, o hasta que las verduras estén blandas, removiendo con frecuencia.

Verter los porotos negros en la cacerola (con su jugo) y agregar 400 ml de agua. Llevar a ebullición, cocer la sopa a fuego lento unos 30 minutos, o hasta que espese. Hacer un puré con la mitad de los porotos utilizando un pisa papas y pasarlo de nuevo a la cacerola para darle más cremosidad a la sopa. Probar y rectificar la sazón. Romper los huevos directamente adentro de la sopa y escalfarlos unos 6 minutos, o hasta que tengan el punto de cocción deseado.

Mientras, picar finamente el otro ají (retirar las semillas si se desea) y el cilantro (con los tallos) en una tabla. Desmenuzar el queso feta, añadir un chorrito de jugo de lima, picar y mezclar todo. Tostar las tortillas directamente en la llama de las hornallas hasta que se doren, o en una sartén sin grasa 30 segundos. Servir la sopa con la salsa; romper los huevos, y mojar las tortillas.

CALORÍAS	GRASAS	GRASAS SATURADAS	PROTEÍNAS	CARBOHIDRATOS	AZÚCARES	SAL	FIBRA	3 PORCIONES VERDURA Y FRUTA
424 kcal	14,5 g	4 g	22,1 g	46,5 g	9,9 g	1,4 g	17,4 g	

MINESTRONE DE LAS CUATRO ESTACIONES PARA DISFRUTAR DE LAS VERDURAS

Cada una de las combinaciones de verduras que presentamos a continuación nos proporciona — todas nuestras 5 porciones diarias, por lo que constituye un plato excelente. Usado en pequeñas — cantidades para aderezar, el queso parmesano es una buena fuente de calcio

PARA 4 PERSONAS
1 HORA 10 MINUTOS

RECETA BASE

2 cebollas

2 zanahorias grandes

2 ramas de apio

aceite de oliva

2 hojas de laurel fresco

opcional: 1 feta de panceta
   ahumada

2 litros de caldo de verduras
   o de pollo

400 g de porotos blancos
   en conserva

½ repollo crespo o repollo

150 g de espaguetis o fregola

60 g de parmesano

aceite de oliva extra virgen

4 rebanadas de pan integral

750 g de **VERDURAS
DE ESTACIÓN** a tu gusto

RECETA BASE Con esta receta y las notas de abajo, es fácil disfrutar de cada estación. Pelar las cebollas y las zanahorias, limpiar el apio y picar todo pequeño. Poner en una cacerola grande a fuego medio-suave con 1 cucharada de aceite de oliva, las hojas de laurel y la panceta (si se usa). Rehogarlo 20 minutos, removiendo de vez en cuando. Verter el caldo, llevar a ebullición y añadir los porotos escurridos. Cortar las hojas de repollo sin los tallos en tiras finas, añadirlas a la cacerola y cocerlas a fuego lento 20 minutos. Trocear los espaguetis y agregarlos los últimos 10 minutos. Aclarar con un poco de agua hirviendo, si fuera necesario, probar y rectificar la sazón. Servir con el parmesano rallado, unas gotas de aceite de oliva extra virgen y pan para mojar.

VERDURAS DE PRIMAVERA Añadir en los últimos 5 minutos de cocción espárragos y flores de brócoli en trozos, con espinacas y perejil fresco picado.

VERDURAS DE VERANO Cortar unos corazones de alcaucil en cuatro y frotarlos con limón. Cortar unas acelgas en tiras finas, y unos tomates sin semillas en dados. Añadirlos con los espaguetis, y agregar unas arvejas y unas habas frescas al final.

VERDURAS DE OTOÑO Rehidratar 20 g de hongos porcini (*Boletus edulis*) en agua hirviendo. Limpiar unos hongos frescos y laminarlos. Añadir unos dados de calabaza en el primer paso de la receta base, junto con los hongos porcini escurridos y cortados. Agregar las hongos frescos con los espaguetis.

VERDURAS DE INVIERNO Añadir unos dados de remolacha cruda en el primer paso de la receta base, y unas hojas de repollo crespo y kale en tiras finas cuando se agrega el repollo en la receta base.

CALORÍAS	GRASAS	GRASAS SATURADAS	PROTEÍNAS	CARBOHIDRATOS	AZÚCARES	SAL	FIBRA	5 PORCIONES VERDURA Y FRUTA
559 kcal	14,1 g	4,3 g	33,2 g	73,4 g	17,6 g	0,9 g	16,8 g	

ESTOS VALORES SON UN PROMEDIO DE LAS CUATRO RECETAS DE ARRIBA

SOPA DE PUERROS Y PAPAS CON TOSTADAS DE HIERBAS, PARMESANO Y ALMENDRAS

Uno de los platos favoritos de mi familia, la sopa de puerros y papas, alcanza un nivel — superior añadiéndole una gran porción de la maravillosa kale, pues, junto con los puerros, — nos aporta vitamina B6, que nos ayuda a permanecer despiertos y alerta

PARA 4 PERSONAS
40 MINUTOS

400 g de puerros

aceite de oliva

400 g de papas

1½ litros de caldo de verduras
o de pollo

320 g de kale

½ manojo de menta
fresca (15 g)

½ manojo de perejil
fresco (15 g)

40 g de parmesano

25 g de almendras enteras

1 cucharada de vinagre
de vino blanco

aceite de oliva extra virgen

4 rebanadas pequeñas de pan
integral (35 g cada una)

Limpiar los puerros, cortarlos en rodajas y ponerlos en una cacerola grande a fuego medio con 1 cucharada de aceite de oliva. Rehogarlos 10 minutos, removiendo con frecuencia. Mientras, lavar y cortar en rodajas finas las papas (dejando la cáscara para que tengan más propiedades nutricionales) y añadirlas a la cacerola. Verter el caldo y hervir 15 minutos. Agregar kale, desechando los tallos duros, los últimos 5 minutos. Tapar la cacerola.

Mientras, picar finamente las hojas de menta sobre una tabla con las hojas de perejil. Rallar finamente el parmesano encima, añadir las almendras, el vinagre y 1 cucharada de aceite de oliva extra virgen, picar todo un poco más y mezclar. Tostar el pan y extender las hierbas picadas por arriba.

Por tandas, verter el contenido de la cacerola en una licuadora. Taparla, cubrirla con un paño de cocina y, sujetándola, triturar hasta que quede una crema homogénea. Probar la sopa y rectificar la sazón. Repartirla en los boles y servirla con las tostadas a un lado.

CALORÍAS	GRASAS	GRASAS SATURADAS	PROTEÍNAS	CARBOHIDRATOS	AZÚCARES	SAL	FIBRA	2 PORCIONES VERDURA Y FRUTA
374 kcal	16,6 g	3,5 g	18,4 g	37,3 g	5,3 g	0,7 g	6,6 g	

SOPA MULLIGATAWNY DE ARROZ CON CURRI, CORDERO, LENTEJAS Y VERDURAS

— Las lentejas y los garbanzos son alimentos deliciosos y ayudan a llenar de fibra esta supersopa; además, los garbanzos nos aportan manganeso, que mantiene nuestro tejido conectivo fuerte y sano —

PARA 6 PERSONAS
45 MINUTOS

2 litros de caldo de pollo

300 g de arroz integral

aceite de oliva

250 g de carne de cordero magra picada

1 cucharadita de curri en polvo

2 dientes de ajo

un trozo de jengibre de 6 cm

1 manojo de cilantro fresco (30 g)

2 cebollas

2 zanahorias

2 morrones de distintos colores

150 g de lentejas rojas partidas

400 g de garbanzos en conserva

400 g de tomates perita en conserva

150 g de arvejas congeladas

80 g de espinacas congeladas

6 papadams crudos

6 cucharadas de yogur natural

Verter el caldo en una cacerola grande a fuego medio-fuerte y, cuando hierva, cocer el arroz siguiendo las instrucciones del paquete. Mientras, poner otra cacerola grande a fuego medio-fuerte con 1 cucharada de aceite, el cordero y el curri en polvo, removiendo a menudo. Pelar los ajos y el jengibre y picar finamente los tallos de cilantro. Pelar las cebollas y las zanahorias, retirar las semillas de los morrones y cortar todo en dados de 1 cm.

Cuando la carne esté dorada, añadir los ajos, el jengibre y los tallos de cilantro a la cacerola, y al cabo de 1 minuto, las verduras. Cocer 10 minutos, incorporar las lentejas, los garbanzos (con su jugo) y los tomates. Aplastar los tomates con una cuchara de madera. Agregar el caldo con el arroz, cocer a fuego lento 10 minutos más, o hasta que la sopa adquiera una consistencia más espesa. Aclararla con un poco de agua, si fuera necesario. Añadir las arvejas y las espinacas justo antes de terminar la cocción, probar y rectificar la sazón.

Poner los papadams, de uno en uno, en el microondas 30 segundos para que se hinchen. Servir la sopa en boles, con una cucharada de yogur y unas hojas de cilantro en cada uno, y el papadam para acompañar.

------------------------------- *Variación vegetariana* -------------------------------
Puedes convertir esta sopa en un plato vegetariano sustituyendo el cordero por la misma cantidad de hongos picados y utilizando caldo de verduras.

CALORÍAS	GRASAS	GRASAS SATURADAS	PROTEÍNAS	CARBOHIDRATOS	AZÚCARES	SAL	FIBRA	4 PORCIONES VERDURA Y FRUTA
577 kcal	14,2 g	4,3 g	35,2 g	80,6 g	13,3 g	0,9 g	10 g	

GUISO COREANO DE POLLO, FIDEOS, HONGOS, TOFU Y KIMCHI

Aunque ricas en sal, cuando se usan con moderación (¡como todo!) las verduras fermentadas
— como el kimchi son una fuente de probióticos, que, según se cree, contribuyen a que —
nuestras bacterias intestinales estén sanas y felices

PARA 4 PERSONAS
1 HORA 10 MINUTOS

150 g de shiitakes

2 zanahorias grandes

1 manojo de cebollitas de verdeo

350 g de tofu firme

4 muslos de pollo, con piel
  y hueso

1 litro de caldo de pollo

1 cucharadita de salsa de soja
  baja en sodio

2 cucharaditas de pasta
  de chile coreana o salsa
  de ají picante

200 g de kimchi
  (en supermercados asiáticos)

250 g de fideos integrales

2 cucharaditas de aceite
  de sésamo

2 cucharaditas de semillas
  de sésamo

1 lima

Limpiar los shiitakes con un paño húmedo, cortarles los tallos, partir por la mitad los más grandes, y rehogarlos en una cacerola grande a fuego medio 5 minutos, o hasta que estén bien dorados, dándolos vuelta a media cocción. Mientras, pelar las zanahorias y cortarlas en rodajas finas al bies. Limpiar las cebollitas de verdeo y cortarlas en rodajas. Escurrir el tofu y partirlo en ocho.

Quitar y desechar la piel de los muslos de pollo. Con un cuchillo grande, cortar cada muslo en tres, golpeando con cuidado con un rodillo para atravesar el hueso, que así le dará más sabor al caldo. Reservar los hongos en un plato, y añadir el pollo y las zanahorias a la cacerola. Saltearlos 10 minutos, removiendo con frecuencia. Verter el caldo, llevarlo a ebullición y cocer la sopa a fuego lento 20 minutos. Incorporar las cebollitas de verdeo, los hongos, el tofu, la salsa de soja y la pasta de chile, y continuar la cocción lentamente 20 minutos más. Cortar en trozos el kimchi y añadirlo justo antes de servir (no debe calentarse en exceso, para que conserve todas sus propiedades nutricionales).

Mientras se hace la sopa, cocer los fideos siguiendo las instrucciones del paquete y escurrirlos. Mezclarlos con el aceite y las semillas de sésamo y servir en los boles. Probar el caldo, rectificar la sazón y rociarlo con el jugo de la lima para darle un toque ácido. Verterlo en los boles, ¡y buen provecho!

CALORÍAS	GRASAS	GRASAS SATURADAS	PROTEÍNAS	CARBOHIDRATOS	AZÚCARES	SAL	FIBRA	2 PORCIONES VERDURA Y FRUTA
510 kcal	13,2 g	3,1 g	37,8 g	56,1 g	8,1 g	1,4 g	5,7 g	

SOPA AL ESTILO NAVAJO CON CALABAZA, POROTOS, POLENTA Y PAN DE PITA

Además de añadir color a este plato, los porotos colorados son una fuente de proteínas
— vegetales y de magnesio, que necesitamos para que nuestros músculos puedan funcionar —
adecuadamente

PARA 4 PERSONAS
1 HORA 10 MINUTOS

1 calabaza o zapallo de otra
variedad (1,2 kg)

1 cebolla

aceite de oliva

1½ litros de caldo de verduras
o de pollo

100 g de polenta

400 g de porotos colorados
en conserva

200 g de harina integral

200 g de yogur natural

1 manojo de ciboulette
fresco (30 g)

Precalentar el horno a 180 °C. Limpiar la calabaza (no hace falta pelarla), cortarla por la mitad longitudinalmente, y luego en cuatro. Retirar y desechar las semillas. Ponerla en una fuente, sazonarla con sal marina y pimienta negra. Asarla 1 hora o hasta que esté tierna.

Al cabo de 30 minutos, pelar y picar finamente la cebolla y ponerla en una cacerola grande a fuego medio-suave con 1 cucharada de aceite y un chorrito de agua. Rehogarla 10 minutos, o hasta que esté blanda, removiendo con frecuencia. Verter el caldo y llevarlo a ebullición, añadir la polenta removiendo (la sopa se irá espesando, adquiriendo una textura maravillosa). Agregar los porotos con su jugo y dejar cocer la sopa con el fuego al mínimo hasta que la calabaza esté hecha.

Mientras, precalentar una plancha a fuego fuerte. Mezclar la harina, el yogur y una pizca de sal marina para formar una masa. En una mesada enharinada, dividir la masa en cuatro bollos iguales. Uno a uno, estirarlos hasta que queden bien finos y cocerlos en la plancha de ambos lados, hasta que queden las marcas de la plancha.

Picar la calabaza, cortar el ciboulette y añadir todo a la sopa. Probar y rectificar la sazón. Darle a la sopa la consistencia deseada añadiendo un poco de agua y servirla de inmediato con los panes de pita para mojar.

CALORÍAS	GRASAS	GRASAS SATURADAS	PROTEÍNAS	CARBOHIDRATOS	AZÚCARES	SAL	FIBRA	2 PORCIONES VERDURA Y FRUTA
554 kcal	8,3 g	2,2 g	25,5 g	97,6 g	21,4 g	1,2 g	25,5 g	

ASTUCIAS
DE COCINA

*Sugerencias y trucos ingeniosos para
cocinar grandes cantidades por tandas,
un modo de salir del paso en futuras comidas*

NUGGETS DE POLLO CON PIMENTÓN DULCE Y PAN RALLADO CON PARMESANO

Cambiar el habitual pan blanco del rebozado por pan integral aumenta el consumo de fibra, mientras que al cocer al horno en lugar de freír se reducen las calorías de estos «chicos malos»

—

—

PARA 10 RACIONES

30 MINUTOS
MÁS LA MARINADA

1 kg de pechugas de pollo
   sin piel

2 dientes de ajo

1 cucharadita rasa de pimentón
   dulce ahumado

1 cucharada colmada de yogur
   griego

1 huevo grande

1 limón

250 g de pan integral

50 g de parmesano

aceite de oliva

Cortar las pechugas de pollo en trozos del tamaño de un nugget. La manera más fácil es utilizar una balanza de cocina para acertar el primero (cada nugget debe pesar unos 30 g), que servirá de guía visual para el resto. Cortar todo el pollo y ponerlo en una fuente.

Para hacer la marinada, aplastar los dientes de ajo sin pelar con un prensador de ajos encima del pollo. Añadir el pimentón dulce, el yogur, el huevo y una buena pizca de sal marina y de pimienta negra. Rallar finamente la cáscara de limón y exprimir el jugo en la fuente. Con las manos limpias, remover todo para que el sabor penetre bien en la carne. Tapar y dejar marinar el pollo en la heladera por lo menos 1 hora, o toda la noche.

Romper el pan y ponerlo en una picadora, agregar el parmesano rallado fino, y 2 cucharadas de aceite, y triturar hasta obtener un pan rallado bien fino; ponerlo en una fuente grande y plana. Por tandas, pasar el pollo por el pan rallado y con dos tenedores, echar el pan rallado por encima de los trozos de pollo hasta que queden bien rebozados. Colocar los nuggets en una fuente honda forrada con papel vegetal, disponiéndolos en capas entre hojas de papel a medida que se van haciendo (probablemente sobrará pan rallado, pero es más fácil trabajar con una gran cantidad y desechar lo que quede). Cocerlos de inmediato o freezarlos en la misma fuente. Una vez congelados se pueden guardar en bolsas herméticas para que sea más fácil almacenarlos.

Para cocinarlos, poner todos los nuggets que se necesiten sobre una rejilla colocada encima de una fuente en el horno precalentado a 180 °C de 15 a 20 minutos, o hasta que estén bien dorados y hechos por adentro.

CALORÍAS	GRASAS	GRASAS SATURADAS	PROTEÍNAS	CARBOHIDRATOS	AZÚCARES	SAL	FIBRA
230 kcal	7,8 g	2,4 g	29,4 g	10 g	0,9 g	0,7 g	1,6 g

CHICKEN NUGGETS
X 10 PORTIONS
14/02/16

RAGÚ DE CARNE PICADA CON VERDURAS, LEGUMBRES Y TOMATES SECOS

Alargar la carne picada añadiéndole legumbres es un buen hábito que conviene adquirir, ya — que estas aportan un extra de proteínas sin las grasas saturadas de la carne picada; además, — nuestro intestino agradecerá su fibra: ¡dos veces bueno!

PARA 10 PORCIONES (3 KG)
1 HORA 50 MINUTOS

2 fetas de panceta ahumada

aceite de oliva

1 kg de carne magra
   de ternera picada

800 g de legumbres
   en conserva, como aduki,
   porotos blancos, porotos
   colorados

2 ramitas de romero fresco

2 hojas de laurel fresco

opcional: Chianti

2 cebollas grandes

2 zanahorias grandes

1 corazón de apio

280 g de tomates secos
   en aceite, en conserva

2 cucharadas de aceto balsámico

800 g de tomates perita
   en conserva

Esta es una receta muy práctica y nutritiva que va bien tener en la heladera o el freezer. Se puede utilizar de muchas maneras distintas: servirla tal cual con pasta, unas rebanadas de pan, a una papa asada, o para hacer pastel de carne, lasaña, canelones o unos morrones.

Cortar la panceta en trocitos pequeños y ponerlos en una cacerola grande a fuego medio-fuerte con 1 cucharada de aceite. Cuando estén dorados, añadir la carne picada, separándola con una cuchara de madera. Escurrir y añadir las legumbres, con las hojas de romero picadas y el laurel, y cocer todo 20 minutos, o hasta que esté bien dorado, removiendo con frecuencia. Si vemos que se pega en la cacerola, verter un chorrito de vino (si se usa) o de agua para desglasar el fondo y aprovechar toda la sustancia.

Pelar las cebollas y las zanahorias, limpiar el apio, picar todo finamente (a mano o en una picadora). Agregar a la cacerola y cocer 15 minutos más. Vaciar el contenido del frasco de tomates secos en una licuadora, añadir el aceto balsámico y triturarlo hasta que esté homogéneo. Poner 2 cucharadas de tomate en la cacerola y guardar el resto en la heladera para otro día (si untamos con esta mezcla la carne, el pescado o las verduras antes de asarlas o hacerlas a la parrilla, conseguiremos sabores deliciosos, y también queda rica con unas tostadas).

Verter los tomates perita en la cacerola, junto con 400 ml de agua. Mezclar bien, llevar el ragú a ebullición y cocerlo en el horno, sin tapar, 1 hora, o hasta que espese y se reduzca. Probar, rectificar la sazón y dejar enfriar. Una vez frío, repartirlo entre envases o bolsas y guardarlo en porciones en la heladera o en el freezer para cuando se necesite.

CALORÍAS	GRASAS	GRASAS SATURADAS	PROTEÍNAS	CARBOHIDRATOS	AZÚCARES	SAL	FIBRA	2 PORCIONES VERDURA Y FRUTA
250 kcal	9 g	3 g	25,8 g	15,2 g	7 g	0,5 g	5 g	

BASTONES DE PESCADO GIGANTES CON PAN RALLADO CRUJIENTE

Uno de los congelados favoritos de la familia, el pescado, y especialmente salmón, está
— lleno de ácidos grasos omega-3, esenciales para mantener en un nivel saludable —
el colesterol sanguíneo

PARA 10 PORCIONES
25 MINUTOS

1,2 kg de filete de salmón,
sin piel y sin espinas

2 huevos grandes

1 cucharadita de pimentón
dulce ahumado

250 g de pan integral

30 g de queso cheddar

aceite de oliva extra virgen

----- ¿Sabías que...? -----

Los filetes de salmón están
de oferta a menudo, lo que
es, ni más ni menos, una de
las realidades de la industria de la cría de pescado.
Debido a las variaciones
de la oferta y la demanda,
puede haber excedentes.
Así que cuando veas el
salmón en oferta, ponte en
marcha y aprovéchalo, ¡es
un valor seguro!

Algo tan humilde y cotidiano como unos bastones de pescado pueden ser todavía más nutritivos si los hacemos en casa, ¡y lo mejor es que se pueden hacer de gran tamaño! Me gusta usar salmón pero, por supuesto, cualquier pescado blanco también es bueno.

Cortar el pescado en 10 porciones de 120 g cada una. Por la misma forma del filete, no todas serán del mismo tamaño, pero eso es parte de su encanto. Acostumbro a cortar el filete longitudinalmente, en trozos de unos 3 cm de grosor, y luego en tiras.

En un bol, batir los huevos con el pimentón dulce y una pizca de sal marina y de pimienta negra. Romper el pan, ponerlo en una picadora junto con el queso rallado y 2 cucharadas de aceite y triturarlo hasta obtener pan rallado; ponerlo en una fuente. Pasar cada trozo de pescado por el huevo batido, escurriendo el exceso, luego rebozarlo con el pan rallado hasta que quede bien cubierto. Disponerlos en una fuente forrada con papel vegetal, en capas entre hojas de papel a medida que se van haciendo (probablemente sobrará pan rallado, pero es más fácil trabajar con una gran cantidad y desechar lo que quede). Cocerlos de inmediato o freezarlos en la misma fuente. Una vez congelados se pueden guardar en bolsas herméticas para que sea más fácil almacenarlos.

Para cocinarlos, poner los bastones de pescado que se necesiten en una fuente y asarlos en el horno precalentado a 200 °C, 15 minutos si están recién hechos, o 20 minutos si están congelados, o hasta que queden bien dorados y cocidos.

CALORÍAS	GRASAS	GRASAS SATURADAS	PROTEÍNAS	CARBOHIDRATOS	AZÚCARES	SAL	FIBRA
325 kcal	18,6 g	3,8 g	29,1 g	9,5 g	0,6 g	0,5 g	1,6 g

POLLO HERVIDO
Y SU INCREÍBLE CALDO

El pollo nos aporta selenio, imprescindible para muchas funciones, desde asegurar el estado
— óptimo de nuestro sistema inmunológico hasta mantener el cabello y las uñas fuertes —
y sanas

CALDO: 3,5 LITROS

POLLO: 8 PORCIONES

3 HORAS

1 pollo entero de 1,8 kg

2 hojas de laurel fresco

1 manojo de perejil
    fresco (30 g)

1 puerro

1 zanahoria

1 rama de apio

1 cebolla

aceite de oliva extra virgen

En casa, no me gusta estar todo el día hirviendo huesos para hacer caldo. Sin embargo, soy feliz si puedo hacer un sabroso caldo como el de esta receta y, al mismo tiempo, conseguir un tierno pollo hervido que será la base de unas cuantas comidas y cenas durante la semana. Es todo un ritual que acostumbro a cumplir cada fin de semana.

En una olla grande, poner el pollo entero. Añadir el laurel, el perejil y una buena pizca de sal marina y de pimienta negra. Lavar y cortar el puerro, la zanahoria y el apio, pelar y cortar la cebolla en cuatro. Echar todo en la olla y cubrir con 4 litros de agua, vigilando que el pollo quede bien sumergido. Llevar a ebullición a fuego medio, luego cocer 1 hora 30 minutos, removiendo de vez en cuando. Procurar que no hierva para que la carne quede tierna.

Con unas pinzas, pasar el pollo a un bol grande para que se enfríe un poco, y cocer el caldo 1 hora 30 minutos más para concentrar los sabores. Con unas pinzas o guantes de goma, deshuesar el pollo, desechando la piel, y devolver los huesos al caldo para darle más sabor. Mezclar la carne de pollo con 1 cucharada de aceite, y una vez frío, guardarlo en la heladera hasta un máximo de 3 días, para usarlo en ensaladas, sándwiches o frituras.

Colar el caldo, y desechar todo lo que quede en el colador. Dejarlo enfriar y guardarlo en la heladera, donde se conservará, convertido en una gelatina, al menos 1 semana, o congelarlo en bolsas. Por supuesto, se pueden poner más verduras en el caldo, y servir el mismo día un suculento bol de caldo de pollo y verduras. Lo encuentro muy práctico cuando la familia va y viene, porque tengo el caldo en el fuego al mínimo, siempre listo.

CALORÍAS	GRASAS	GRASAS SATURADAS	PROTEÍNAS	CARBOHIDRATOS	AZÚCARES	SAL	FIBRA
175 kcal	8,3 g	2,1 g	24,7 g	0,4 g	0,3 g	0,4 g	0 g

PESTO SUPERRÁPIDO EN PORCIONES CON PIÑONES, PARMESANO Y ALBAHACA

En este pesto, las cremosas almendras aportan proteínas, así como gran cantidad de otros — nutrientes valiosos, incluida una buena dosis de vitamina E, que necesitamos para proteger — nuestras células de posibles daños

PARA 16 PORCIONES

15 MINUTOS

200 g de parmesano

2 manojos grandes
de albahaca fresca
(60 g cada uno)

2 dientes de ajo

100 g de piñones

100 g de almendras
peladas

1 limón

100 ml de aceite
de oliva extra virgen

Hacer pesto es tan fácil que te preguntarás por qué nunca has tenido la costumbre de hacerlo. Las cantidades que he puesto en la receta te permiten usar paquetes enteros de parmesano y de frutos secos, y la elaboración es tan sencilla que todo el mundo puede hacerlo. Esta es una de esas recetas increíbles en las que con un esfuerzo mínimo se logra el máximo sabor.

Cortar en trozos el parmesano y ponerlo en la picadora (sin la cáscara). Añadir las hojas de albahaca, sin la parte dura de los tallos, los ajos pelados, los piñones y las almendras. Rallar fina la cáscara del limón y escurrir el jugo encima, y verter el aceite. Triturar todo hasta darle una consistencia fina.

El pesto fresco se mantendrá bien en la heladera hasta un máximo de 3 días, y se puede congelar sin problemas. La manera más fácil de hacerlo es envolver el pesto en papel vegetal haciendo un cilindro, luego retorcer los extremos como si fuera un caramelo. Ponerlo en el freezer 2 horas, y, antes de que se endurezca demasiado, retirarlo, desenvolverlo y cortarlo en porciones. Darle de nuevo la forma, envolverlo y guardarlo en el freezer, donde se conservará por lo menos 3 meses. Para utilizarlo, dejarlo descongelar toda la noche en la heladera, o ponerlo directamente en la cacerola para que se derrita.

CALORÍAS	GRASAS	GRASAS SATURADAS	PROTEÍNAS	CARBOHIDRATOS	AZÚCARES	SAL	FIBRA
188 kcal	17,3 g	3,8 g	7 g	1,3 g	0,7 g	0,2 g	0 g

SALSA DE TOMATE
Y 7 VERDURAS

Repleta de nutritivas verduras, es uno de los modos más sencillos de añadir más porciones de vegetales, y todo tipo de excelentes micronutrientes a la dieta

PARA 3,5 A 4 LITROS
1 HORA

2 cebollas pequeñas

2 puerros pequeños

2 ramas de apio

2 zanahorias

2 zucchinis

2 morrones rojos

½ calabaza (600 g)

2 dientes de ajo

aceite de oliva

2 cucharaditas de orégano seco

1,6 kg de tomates perita en conserva

Empezar preparando las verduras, que se puede hacer a mano (creo que es útil para practicar la habilidad con el cuchillo) o, por tandas, con una picadora. Pelar las cebollas, lavar y limpiar los puerros, el apio, las zanahorias y los zucchinis, retirar las semillas de los morrones y de la calabaza (no hace falta pelarla), y picar todo finamente. Pelar los ajos y picarlos finamente a mano.

Poner una cacerola grande a fuego medio con 2 cucharadas de aceite. Añadir el ajo y el orégano, rehogarlos 1 minuto, e incorporar todas las verduras. Rehogarlas tapadas 25 minutos, o hasta que estén blandas pero no doradas, removiendo con frecuencia. Verter los tomates perita, aplastándolos con una cuchara de madera, y añadir 400 ml de agua en la cacerola. Cocer la salsa a fuego lento 25 minutos, o hasta que se reduzca. Dejarla enfriar un poco, triturarla hasta que quede homogénea, probarla y rectificar la sazón.

Sigue las estaciones

Siempre es agradable celebrar el cambio de estaciones y añadir más hortalizas a la salsa, en función de los ingredientes que estén en su mejor momento en cada temporada.

Apto para congelar

Divide esta receta en porciones y congélala para preparar varias comidas más adelante, desde la pizzetta fácil (véase página 94) hasta pastas sencillas (véase páginas 54-56). En las recetas que utilicen más de un frasco de tomate en conserva, intenta cambiar una parte por la cantidad equivalente de esta salsa, más nutritiva.

CALORÍAS	GRASAS	GRASAS SATURADAS	PROTEÍNAS	CARBOHIDRATOS	AZÚCARES	SAL	FIBRA
32 kcal	1 g	0,1 g	1,3 g	4,8 g	3,6 g	0,1 g	1 g

ESTOS VALORES SON DE 100 ML DE SALSA

FREEZER TIPS

* Label and date bags clearly so you can rotate food efficiently.
* If food has thawed, do not refreeze. Use as soon as possible.
* Cook vegetables from frozen.
* Freeze food in meal size portions for convenience and to avoid waste.

DATE
14 /02 /16
CONTENTS
7 – VEG
SAUCE

PASTAS DE CURRI
KORMA, JALFREZI Y VERDE TAILANDÉS

Incluso utilizadas en pequeñas cantidades, todas estas especias y semillas son riquísimas
— en nutrientes y muy beneficiosas. Por ejemplo, las semillas de comino, mostaza, cilantro —
y fenogreco son extrarricas en hierro

CADA PASTA PARA 10 PORCIONES

KORMA Tostar **2 cucharaditas de semillas de comino y 1 cucharadita de semillas de cilantro** en una sartén sin grasa 2 minutos, ponerlas en una licuadora. Pelar y añadir 2 **dientes de ajo y un trozo de jengibre de 5 cm**, con **1 cucharadita de garam masala**, ½ cucharadita de sal marina, **2 cucharadas de aceite de cacahuete**, 1 cucharada **de concentrado de tomate, 2 ajíes picantes verdes frescos, 3 cucharadas de coco seco, 2 cucharadas de almendras molidas y ½ manojo de cilantro fresco (15 g)**. Exprimir el jugo de ½ **limón** encima y triturar todo hasta obtener una pasta, rascando las paredes de la licuadora cuando esté a medio triturar.

JALFREZI Tostar **2 cucharaditas de semillas de comino y 1 cucharadita de semillas de cilantro, 1 de fenogreco y 1 de mostaza negra** en una sartén sin grasa 2 minutos, ponerlas en una licuadora. Pelar y añadir **2 dientes de ajo y un trozo de jengibre de 5 cm**, con **1 cucharadita de cúrcuma en polvo**, ½ cucharadita de sal marina, **2 cucharadas de aceite de maní, 2 cucharadas de concentrado de tomate, 1 ají picante rojo y ½ manojo de cilantro fresco (15 g)**. Exprimir encima el jugo de ½ **limón** y triturar todo hasta obtener una pasta, rascando las paredes de la licuadora cuando esté a medio triturar.

VERDE TAILANDÉS Tostar **1 cucharadita de semillas de comino** en una sartén sin grasa 2 minutos, ponerlas en una licuadora. Pelar y añadir **2 dientes de ajo, 2 echalotes y un trozo de jengibre de 5 cm**, con **4 hojas de lima kaffir, 2 cucharadas de aceite de maní, 2 cucharadas de salsa de pescado, 4 ajíes picantes verdes frescos, 2 cucharadas de coco seco y 1 manojo de cilantro fresco (30 g)**. Machacar **2 tallos de hierba de limón**, retirar y desechar la capa exterior, ponerlos en la licuadora, exprimir encima el jugo de ½ **lima** y triturar todo hasta obtener una pasta, rascando las paredes de la licuadora cuando esté a medio triturar.

CONSERVACIÓN Forrar la base de una huevera con film transparente, poner 1 cucharada colmada de pasta en cinco de los huecos, tapar con film y congelar. Cada bola de pasta equivale a 2 porciones.

CALORÍAS	GRASAS	GRASAS SATURADAS	PROTEÍNAS	CARBOHIDRATOS	AZÚCARES	SAL	FIBRA
41 kcal	3,8 g	1 g	1 g	1,4 g	0,8 g	0,3 g	0,5 g

ESTOS VALORES SON UN PROMEDIO DE LAS TRES RECETAS DE ARRIBA

COMPOTA Y MERMELADA DE MANZANA, PERA, LAUREL, NARANJA Y VAINILLA

Todas las frutas contienen azúcar natural, pero en la mayoría de las mermeladas hay también un
— montón de azúcar añadido. El resultado de esta receta es una mermelada igual de rica, pero sin —
nada de azúcar extra y que además aporta todos los nutrientes de la fruta

PARA 16 RACIONES
2 HORAS 30 MINUTOS

1 kg de manzanas Cox

1 kg de peras

3 naranjas

1 hoja de laurel fresco

una pizca de canela en polvo

1 vaina de vainilla

Cada semana hacemos esta receta en casa. Puedes limitarte a hacer compota de fruta, o cocerla muy lentamente a fuego mínimo y convertirla en mermelada. Yo acostumbro a hacer mitad y mitad.

Pelar las manzanas y las peras, quitarles el corazón y cortarlas en cuatro. Ponerlas en una cacerola grande. Cuando están en temporada, se puede añadir un puñado de moras o frambuesas. Exprimirles todo el jugo de las naranjas, agregar un chorrito de agua, la hoja de laurel y la canela, cortar la vaina de vainilla por la mitad longitudinalmente, rascar las semillas y añadir todo a la cacerola. Cocer a fuego medio-suave tapado durante 40 minutos, o hasta que la fruta esté blanda y en compota, removiendo de vez en cuando.

En este punto, se puede dejar tal cual, y guardar la compota en la heladera una vez fría, comerla con avena, yogur o granola, ponerla en batidos, comerla como tentempié o endulzar guisos y salsas. O se puede convertir en mermelada, simplemente dejándola a fuego mínimo destapada durante 1 hora 20 minutos más o menos, aplastándola de vez en cuando, hasta que esté oscura, espesa y se pueda untar. No pasa nada si nos pasamos un poco de cocción. Cuando se haya enfriado, verterla en un frasco y guardarla en la heladera. Será absolutamente deliciosa con una tostada de pan integral, galletas de avena, panqueques o waffles. ¡Que aproveche!

CALORÍAS	GRASAS	GRASAS SATURADAS	PROTEÍNAS	CARBOHIDRATOS	AZÚCARES	SAL	FIBRA
57 kcal	0,2 g	0 g	0,6 g	14,2 g	14 g	0 g	2,6 g

MONTONES DE IDEAS
SUPERDIVERTIDAS

Estos coloridos helados, que resaltan el dulzor natural de la fruta, evitan los azúcares
— añadidos que encontramos en la mayoría de los que se compran en los comercios, por lo que —
constituyen un delicioso y nutritivo tentempié

Después de la cena, mis hijos siempre piden algo dulce, y junto con la fruta y el yogur, uno de los básicos que jamás faltan en el freezer son los helados caseros. Muchos postres dulces disparan las alarmas de la escala nutricional y se devoran en un instante. En cambio, estos atractivos helados garantizan que los niños estarán tranquilos durante 8 minutos seguidos, además de proporcionarles un poco de fruta. Son muy fáciles de preparar, y no te será difícil conseguir que los niños se involucren en la tarea. A todos mis grandes amores les gustan, ¡y a Jools y a mí también! A continuación te presento nuestras combinaciones favoritas, pero no dudes en crear las tuyas propias y variar las cantidades según los moldes que utilices. Diluye los jugos de fruta con agua o agua de coco, y si has mezclado varias frutas, pruébalo antes de congelarlo para ver si los distintos sabores armonizan bien.

1. En una licuadora, triturar trozos de mango fresco o congelado con ralladura de lima, un buen chorro de jugo de lima y agua de coco. Verter la mezcla en los moldes para helados y congelarla.

2. Cortar por la mitad un marucuyá bien maduro, repartir la pulpa con las semillas entre los moldes para helados. Exprimir el jugo de unas mandarinas en una jarra, diluirlo con agua, verterlo en los moldes y congelar.

3. Pelar la sandía, pelar y descorazonar unas manzanas Cox, triturar todo en una licuadora con un poco de jengibre pelado y finamente rallado, repartirlo entre los moldes para helados y congelarlo (o congelarlo en capas, sin moldes).

4. Pelar y trocear 1 banana madura en una licuadora, añadir 1 cucharadita de cacao en polvo y 200 ml de leche de almendras, triturarlo hasta que quede homogéneo, repartirlo entre los moldes para helados y congelar.

5. Poner ananá en conserva, troceado y con su jugo, en una licuadora con unas hojas de menta fresca, añadir agua de coco, triturar hasta obtener una mezcla homogénea, repartirla entre los moldes para helados y congelar.

6. Verter jugo de manzana sin azúcar en una licuadora con la misma cantidad de agua. Añadir moras, arándanos y una pizca de canela en polvo, triturar hasta que quede homogéneo, repartirlo entre los moldes y congelar.

7. Escurrir unos lichis en conserva, pelar un melón verde dulce y retirar las semillas, triturar todo en una licuadora con la ralladura de 1 lima y un chorrito de jugo de lima hasta que quede homogéneo, repartirlo entre los moldes para helados y congelar.

SALUD
Y FELICIDAD

Consejos, trucos y sugerencias sobre alimentación,

nutrición y bienestar para ayudarte a ti

y a tu familia a vivir bien

Mi filosofía de los superalimentos
ENERGÍA Y PLATOS EQUILIBRADOS

El equilibrio es lo más importante. Si sabes equilibrar tu plato correctamente y mantener las porciones bajo control —en las recetas de este libro, me he ocupado yo de hacerlo—, puedes estar seguro de que eso será, para ti y para tu familia, un punto de partida excelente en el camino hacia la buena salud.

No es imprescindible ser riguroso cada día, sino tratar de conseguir el equilibrio a lo largo de la semana. Como guía general, si sueles comer carne y pescado, en las comidas principales debes incluir como mínimo dos porciones de pescado a la semana, uno de los cuales debe ser azul (como salmón, trucha o caballa), y preparar para el resto de las comidas principales algunos platos deliciosos sin carne a base de verduras, y otros con un poco de ave de corral o carne roja. Una dieta vegetariana estricta también puede ser perfectamente sana.

Cómo equilibrar un plato

LOS CINCO GRUPOS DE ALIMENTOS	PROPORCIÓN DE UN PLATO
Frutas y verduras	Poco más de un tercio (aprox. 40 %)
Carbohidratos con almidón (pan, arroz, papas, pasta)	Poco más de un tercio (aprox. 40 %)
Proteínas (carne, pescado, huevos, legumbres, otras fuentes no lácteas)	Alrededor de un octavo (algo más del 10 %)
Productos lácteos, leche y alternativas lácteas	Alrededor de un octavo (algo menos del 10 %)
Grasas no saturadas (como aceites)	En pequeñas cantidades
Y no olvides beber mucha agua (véase página 258)	

LA ESTRUCTURA DE LAS RECETAS DE ESTE LIBRO

× Todas las comidas principales, que puedes utilizar indistintamente para el almuerzo o la cena, aportan menos de 600 calorías por porción y contienen menos de 6 g de grasa saturada y 1,5 g de sal. Cada una de estas comidas contiene al menos 2 porciones de verdura y fruta, claramente indicadas en cada receta para darte una mano.

× Los desayunos contienen menos de 400 calorías por porción y menos de 4 g de grasa saturada y 1,5 g de sal.

× Esta estructura permite consumir al día un par de tentempiés que nos aporten energía y dejar algunas calorías para las bebidas.

× El capítulo «Astucias de cocina» habla de las preparaciones que puedes guardar en una bolsa hermética listas para utilizarlas, pero recuerda la filosofía del plato equilibrado cuando recurras a ellas.

¿QUÉ SIGNIFICA ESO EN LA VIDA REAL?

La energía —en forma de calorías— es esencial para vivir. Necesitamos energía para movernos, para que nuestros órganos funcionen y para que nuestro cuerpo crezca, se desarrolle y se repare. Por supuesto, cada persona es distinta, de modo que las necesidades varían de una a otra, pero numerosas investigaciones han hecho hincapié en el equilibrio de energía, por lo que las siguientes cifras de referencia del Reino Unido son un punto de partida muy útil:

EDAD	MUJER CALORÍAS DIARIAS	HOMBRE CALORÍAS DIARIAS
11 años en adelante	2000	2500
10	1936	2032
9	1721	1840
8	1625	1745
7	1530	1649
6	1482	1577
5	1362	1482
4	1291	1386

Recuerda que lo que comemos siempre debe elegirse en función del género, la edad, la constitución, el estilo de vida y el nivel de actividad. Utiliza el sentido común y reajusta las comidas según las necesidades de tu familia. Lo mejor de todo es que se puede tomar cualquier alimento o bebida como parte de una dieta sana y equilibrada, de modo que no es necesario renunciar por completo a nada que realmente nos guste, a menos que nos lo aconseje un médico o dietista. Escucha a tu cuerpo e intenta lograr un equilibrio entre disfrutar de la comida y llevar una vida físicamente activa.

APORTE Y CONSUMO DE ENERGÍA

Obtenemos la energía de la comida y la bebida descomponiendo la grasa, los hidratos de carbono, las proteínas y la fibra que contienen. Como ya se ha mencionado, las necesidades de energía varían de una persona a otra. Además de por la edad, la constitución, el estilo de vida y el nivel de actividad, estas necesidades vienen determinadas por nuestros genes, género y peso, e incluso por el clima del lugar en que vivimos. Todos estos factores deben estar en consonancia con las comidas y bebidas que consumimos y la energía adicional que utilicemos, o de lo contrario vamos a perder o ganar peso.

Es totalmente natural que nuestro peso fluctúe un poco de una semana a otra, de un año a otro, pero en general debemos tratar de mantener un peso constante, y eso se logra mejor mediante una dieta sana y equilibrada. Las directrices actuales recomiendan ingerir aproximadamente el 20 % de la energía en el desayuno, el 30 % en el almuerzo y el 30 % en la cena, mientras que el 20 % restante queda para los tentempiés y las bebidas. Este es el esquema al que me he atenido en este libro, para que puedas decidir y elegir libremente entre los capítulos sabiendo que estás en el buen camino para conseguir la energía que necesitarás a lo largo del día.

Cabe destacar que, hoy en día, algunos estudios sugieren que podría ser beneficioso para nuestra salud cenar más temprano y distanciar más la cena del desayuno del día siguiente. Dichos estudios se basan en lo que les sucede a nuestro metabolismo y a nuestro reloj biológico (es decir, nuestro ritmo circadiano) durante el día, y, según los resultados parece ser que a medida que avanza el día, nuestro cuerpo va asimilando la comida de un modo distinto. Así que hacer el esfuerzo de tomar la cena más temprano puede ayudarnos a estar más sanos y ser más felices.

Vivir bien

LOS MEJORES CONSEJOS
PARA COMER SANO CADA DÍA

Mientras escribía mi último libro, *Recetas sanas para cada día,* estudiaba para obtener el título de nutricionista, y tuve el privilegio de conocer a muchos científicos, profesores y expertos en su campo, todos ellos increíbles, así que puedo compartir contigo información muy útil. Como todo era tan fascinante, he querido ofrecerte un breve resumen, en pequeñas raciones para que puedas digerirla. Feliz lectura.

— Desayuna —

Es muy importante, pues te prepara para el día que empieza. Además de saciarte y evitar que consumas tentempiés de alto contenido en grasa o azúcar, te aporta un precioso impulso de micronutrientes. Para ver un montón de ideas superdeliciosas que te entusiasmarán, consulta las páginas 10-41.

CALCULA LOS CARBOHIDRATOS

Los carbohidratos son ricos en almidón y un nutriente excelente, pues nos hacen sentir felices, saciados y llenos de energía, y nos proporcionan un buen porcentaje de la energía que necesitamos para mover el cuerpo y el combustible que nuestros órganos requieren para funcionar. Toma cereales y harinas integrales ricos en fibra siempre que puedas, pues tardan más tiempo en descomponerse, son de liberación lenta y nos aportan un nivel de energía más continuo; además nos ayudan a sentirnos llenos durante más tiempo.

HAZTE ADICTO A
LA FRUTA Y LA VERDURA

Para vivir una vida plena y sana, la fruta y la verdura tienen que ocupar el centro de tu dieta. Come todo tipo de vegetales, mezclándolos según la estación y disfrutando de una variedad tan amplia como sea posible. Nuestro objetivo debe ser ingerir como mínimo cinco porciones de 80 g de fruta o verdura, fresca, congelada o en conserva, cada día de la semana, y lo ideal sería comer incluso más. También puedes contar como una de las cinco raciones 30 g de frutos secos al día u 80 g de legumbres.

ELIGE ALIMENTOS ORGÁNICOS

Siempre que sea posible, opta por ellos, por tu propia salud y por el bien del planeta. Seguro que casi todos estaremos de acuerdo en que proporcionar a nuestro cuerpo ingredientes naturales solo va a traernos cosas positivas. Además, si todos empezamos a comprar, cocinar y comer de otra forma, si poco a poco compramos mejor y malgastamos menos, eso cambiará para bien nuestro sistema de alimentación de un modo positivo y más sostenible.

Mantente hidratado

Para rendir al máximo, la clave es mantenerte hidratado. ¡Al fin y al cabo, el agua es esencial para la vida! Más información en la página 258.

Controla la ingesta de proteínas

Aunque las proteínas forman parte de nuestra dieta, deben consumirse en la cantidad adecuada, igual que todo. Como componentes básicos del cuerpo, las proteínas se utilizan para todo lo importante, como crecer, reparar, descomponer y absorber nutrientes, y también para combatir enfermedades e infecciones. En general, la cantidad óptima para las mujeres de 19 a 50 años es de 45 g al día, 55 g para los hombres del mismo grupo de edad, 28 g para los niños de 7 a 10 años, y 20 g para los niños de 4 a 6 años.

— Come más fibra —

Contenida principalmente en los alimentos de origen vegetal, la fibra también se considera un carbohidrato. Casi todos debemos aumentar el consumo de fibra; en la página 252 puedes leer por qué.

NO TEMAS LA GRASA

Por supuesto, su consumo debe controlarse, pero una dieta sana requiere grasas buenas, así que, siempre que puedas, elige fuentes de grasas no saturadas, como aceite de oliva y otros aceites vegetales, frutos secos, semillas, palta y pescado azul rico en ácidos grasos omega-3. Las grasas saludables nos dan energía y nos ayudan a almacenarla, aíslan y protegen los órganos internos, nos aportan ácidos grasos esenciales y son fundamentales para absorber las vitaminas liposolubles y otros nutrientes.

Duerme lo suficiente

Dormir lo suficiente es absolutamente esencial, y a decir verdad, uno de los factores que más contribuyen a la buena salud, pues el sueño ofrece a nuestro cuerpo ese momento crucial que necesita para crecer, sanarse y repararse. Dormir menos de seis horas o más de nueve durante un período prolongado puede aumentar el riesgo de desarrollar una enfermedad, por lo que, definitivamente, vale la pena dedicarle al sueño el tiempo necesario para hacerlo bien.

INCLUYE LÁCTEOS EN LAS COMIDAS

Los productos lácteos, la leche y sus alternativas (como leche de almendras o de avena enriquecida) nos ofrecen una maravillosa variedad de nutrientes. Pero ten en cuenta que la porción de lácteos de las comidas, más que de la manteca y la crema, debe proceder de leche, yogur y pequeñas cantidades de queso orgánico.

— Muévete —

El movimiento es de una increíble importancia, y ser activo debería ser algo natural en todos los aspectos de la vida cotidiana. ¡Propongámonos adquirir el hábito de ser más activos en el día a día y, sencillamente, de movernos un poco más!

+ ABSTENTE DEL ALCOHOL DURANTE 3 DÍAS +

Y hazlo cada semana para darle un descanso al hígado. Para tu cuerpo, el alcohol, aunque sea de calidad, no es nutritivo y, en cambio, es tóxico, además de aportar muchas calorías. ¡Y ha sido el responsable de algunos de los peores episodios de la historia del planeta! Confieso que a mí me gusta, pero, por favor, consúmelo con responsabilidad.

La brillante idea de masticar
TU ESTÓMAGO NO TIENE DIENTES

En primer lugar, vamos a dejar una cosa clara: ¡tu estómago no tiene dientes! Sé que parece una tontería, pero hoy en día mucha gente come a toda prisa, como si aspirase la comida en lugar de masticarla y saborearla. Así pues, te voy a dar un poco de información sobre por qué masticar puede ser un buen principio para no comer en exceso y disfrutar más de la comida, además de permitirnos absorber y aprovechar todos los nutrientes y beneficios de los alimentos que comemos. Cada comida es una excelente oportunidad para influir enormemente en nuestra salud. ¿No te parece genial?

QUÉ SUCEDE CUANDO MASTICAMOS

La digestión empieza en la boca. Cuando masticamos la comida, la saliva la lubrica y los dientes la van desmenuzando, así es más fácil tragarla y digerirla. Masticar también produce enzimas digestivas, que permiten descomponer los alimentos de modo adecuado, absorberlos mejor mientras se van desplazando por nuestro sistema digestivo (véase página 250) y extraer el máximo de nutrientes.

Al mismo tiempo, la propia acción de masticar actúa como una señal que avisa a nuestro cuerpo que la comida está a punto de empezar ese viaje. Si no masticamos bien la comida, nuestro cuerpo no estará preparado, haremos trabajar demasiado a nuestro sistema digestivo y, con ello, todo el proceso será más lento.

MASTICACIÓN ÓPTIMA

Ya sé que no soy muy concreto, pero seguro que la mayoría de nosotros podría masticar aunque sea un poco más. Actualmente no hay ninguna indicación definitiva sobre cuántas veces debemos masticar cada bocado de comida, pero la opinión general es que el número óptimo medio estaría alrededor de 20 veces por bocado.

Sin embargo, es muy importante no seguir esta norma a rajatabla, ya que si algo han demostrado los estudios de que disponemos hasta el momento es que realizar siempre un número concreto de masticaciones puede causar irritabilidad y fatiga, lo que impide obtener el mismo placer de los alimentos. Además, cada alimento es distinto y cada uno necesita un número diferente de masticaciones, por lo que es casi imposible prescribir la cantidad perfecta. Lo único que puedo decir es: ¡a masticar más!

TODO SOBRE EL APETITO

Voy a tratar de explicar la diferencia entre el apetito y el hambre. Sabemos que para vivir hay que comer, a fin de obtener energía para todo lo que hacemos. Nuestro cuerpo reacciona fisiológicamente a nuestras necesidades. Así, por ejemplo, cuando el nivel de azúcar en la sangre baja, el cerebro recibe un mensaje advirtiéndonos que debemos comer para seguir viviendo. Esta sensación se llama «hambre». Sin embargo, el apetito es el deseo de comer, es la sensación de querer comida una vez iniciado el proceso de comer, y significa que podemos prolongar la ingesta de alimentos. Cuando aparece la saciedad —la sensación de sentirse lleno o satisfecho—, el apetito disminuye. El apetito es controlado por el cerebro, que reacciona a las señales del sistema digestivo para ayudarnos a reconocer cuándo estamos llenos. Es sensorial, es decir, incluso ver u oler alimentos puede desencadenar esta sensación.

A medida que comemos, vamos notando una sensación de saciedad; cuanto más masticamos un alimento, más expuesto está a los receptores sensoriales de nuestra boca, lo que a su vez aumenta dicha sensación. Hace poco me contaron la diferencia entre beber un vaso de jugo de manzana y comer una manzana. Lo primero puede hacerse en cuestión de segundos, por lo que los receptores sensoriales apenas intervienen, mientras que para lo segundo se tarda unos pocos minutos (¡aunque se tenga muchísima hambre!). A partir de aquí, es fácil entender que es mucho más probable que el proceso de comer una manzana —y el tiempo que se tarda en hacerlo— satisfaga mejor nuestra hambre.

Como ya habrás adivinado, si ingerimos la comida a toda prisa, algo que hacemos muy a menudo, nuestro cuerpo no resistirá nuestro ritmo e irá un paso atrás, ya que el estómago tarda un tiempo antes de avisar al cerebro que estamos llenos, por lo que es probable que comamos más de lo que necesitamos. Tomarlo con tranquilidad y disfrutar de la comida no solo será bueno para nuestra salud intestinal, sino que también nos ayudará a controlar las raciones y, en consecuencia, a evitar comer en exceso y a aumentar de peso. La calma es dos veces buena.

Curiosamente, cualquier alimento que nos guste puede influir en el apetito. Por eso siempre nos parece que podríamos comer otra porción de tarta, aunque nos sintamos muy llenos. ¡Es un fenómeno científicamente demostrado! Se llama «saciedad específica sensorial», y explica por qué una vez que empezamos a comer algo dulce que nos encanta, de repente nos parece que podríamos seguir comiéndolo sin fin. De modo que, sobre todo si quieres mantener el peso a raya, debes recordar que, por mucho que nos gusten las golosinas, son solo eso, golosinas, y hay que disfrutarlas solo de vez en cuando.

DEDICA MÁS TIEMPO A LAS COMIDAS

Aprender a masticar y conocer los beneficios que comporta es estupendo, pero sé que cuando se planifica una comida, en especial cuando es para toda la familia, hay que pensar en muchas cosas a la vez. No quiero añadir otra más, pero como obligatoriamente tenemos que comer, intentemos que la hora de la comida sea lo mejor posible. Siempre he sido un gran defensor de sentarse a la mesa para disfrutar de una buena comida, tanto si se está con la familia o los amigos como solo, porque así puede saborearse cada bocado empleando el tiempo necesario, en lugar de engullir a toda velocidad. En mi opinión, un modo muy sencillo de influir positivamente en los hábitos de masticación es sentarse con otras personas más a menudo; como poco, eso animará la conversación, disminuirá el ritmo en que se come, aumentará el placer por la comida y, al mismo tiempo, impedirá comer en exceso. Si comes solo, lo de tomártelo con calma para disfrutar de cada plato también se aplica. Intenta evitar distracciones, como la tele, y céntrate en la comida que tienes adelante, degusta y saborea realmente cada bocado y ralentiza todo el proceso.

Y eso no solo es válido para las comidas en casa. Sé que cuando estás en el trabajo a veces es difícil reservar un tiempo para comer, sobre todo si en el lugar donde te encuentras no es habitual hacer una pausa para el almuerzo. Pero, siempre que puedas, intenta alejarte de tu mesa o del espacio de trabajo y dedicar un rato a sentarte en algún sitio agradable y saborear la comida. Con 20 minutos será suficiente, si es lo máximo que puedes permitirte. Además de beneficiar a tu sistema digestivo, te proporcionará un momento para descansar, pensar y relajarte, ¡y esperemos que te revitalice para el resto del día!

Intestino sano, cuerpo feliz
LA PRÓXIMA PRIORIDAD EN MATERIA DE SALUD

Todo el mundo conoce la frase «eres lo que comes». Pero en realidad somos lo que absorbemos, y aquí es donde entra en juego la buena salud del sistema digestivo, es decir, de nuestro tracto gastrointestinal, básicamente, un tubo largo que empieza en la boca y termina en el ano. Es esencial para nuestra salud general, pues afecta a todo, desde el metabolismo hasta el funcionamiento del sistema inmunológico, e incluso el estado de ánimo. Sí, estamos hablando del sistema digestivo y de cómo funciona por allí abajo, pero no debe avergonzarte hablar de ello. Parece que la salud digestiva va a ser uno de los grandes temas de la próxima década, pues actualmente se llevan a cabo muchos estudios y están apareciendo nuevos hallazgos.

FLORA INTESTINAL

La flora intestinal, como se conoce a los tres billones de microorganismos o bacterias que viven en nuestro intestino, está compuesta por miles de especies distintas. Siempre se había creído que los microorganismos constituían más del 90 % de nuestras células, pero una investigación reciente ha demostrado que en realidad tenemos la misma cantidad de microorganismos que de otros tipos de células (glóbulos rojos, músculos y grasa). Hay dos terceras partes de la flora intestinal de cada persona que son distintas a las de cualquier otra persona, como sucede con el ADN.

Cuando estamos en el vientre de nuestra madre, el tracto intestinal es estéril, es decir, está completamente libre de esas bacterias. Durante el parto adquirimos microbios intestinales del cuerpo de nuestra madre, así como del entorno en que nacemos y del aire que nos rodea. De bebés, nuestra flora intestinal está influida por lo que comemos —la leche de una madre con una dieta sana y equilibrada es realmente beneficiosa—, y va cambiando hasta que tenemos 3 años más o menos y entonces empieza a estabilizarse. Por lo tanto, los primeros años pueden ser muy importantes para nuestra futura salud intestinal.

QUÉ HACE LA FLORA INTESTINAL

Cuando alimentamos nuestra flora intestinal, aumenta su cantidad, lo que nos ayuda a tener un sistema digestivo sano y feliz, pero además la flora intestinal:

× Nos ayuda a descomponer los alimentos que no podemos digerir, especialmente la fibra, y transformarlos en energía que sí podemos utilizar.

× Ayuda a nuestro sistema inmunológico a luchar contra las infecciones y evita que las bacterias dañinas pasen al flujo sanguíneo.

× Es necesaria para producir algunas vitaminas, como:

  • Vitamina B12: contribuye a la salud del metabolismo, para que los sistemas inmunológico y nervioso funcionen bien y para fabricar glóbulos rojos, que nos mantienen despiertos y alerta.

- Vitamina K: indispensable para tener los huesos fuertes y sanos (véase página 255) y una buena coagulación de la sangre.

- Ácido fólico: ayuda a prevenir el cansancio.

PROBIÓTICOS VERSUS PREBIÓTICOS

Los probióticos pueden ser muy útiles y los encontramos en variadas formas en las góndolas de los supermercados. Los prebióticos, en cambio, se ven como la panacea universal. Debo decirte que el mejor prebiótico es una dieta sana y equilibrada. Te explicaré las diferencias entre ellos y lo que sabemos en la actualidad.

PROBIÓTICOS

Los probióticos son bacterias vivas conocidas por contribuir a la salud del sistema digestivo, que a menudo se denominan «bacterias buenas». En la actualidad, no hay ninguna certeza de que los probióticos sean beneficiosos para la salud, pero se cree que ayudan a restablecer el equilibrio natural del sistema digestivo, sobre todo después de un tratamiento con antibióticos, que a menudo afecta a nuestra flora intestinal.

Existen muchos tipos distintos de probióticos, pero los más comunes son el lactobacilo y la bifidobacteria, unos nombres que seguramente has visto en algún envase. Los diferentes tipos de probióticos pueden ayudar a distintas cosas, ¡aunque aún no está claro cuáles de estas cosas son buenas! Algunos de sus beneficios son aliviar los síntomas del síndrome del intestino irritable (SII), favorecer la digestión y ayudar a mejorar la respuesta inmunitaria.

Los probióticos están presentes de manera natural en algunos alimentos, como el yogur natural, y en los alimentos fermentados, como el kimchi y el chucrut (estos últimos son beneficiosos, pero deben tomarse en pequeñas cantidades por su alto contenido en sal). También

puedes tomar probióticos en forma de bebidas de yogur, algunas de las cuales contienen hasta miles de millones por mililitro (cuidado con los azúcares añadidos), o de tabletas, cápsulas y polvo. Lo que no está claro es si estos productos contienen suficientes bacterias para tener algún efecto o si durante el proceso digestivo las bacterias pueden sobrevivir el tiempo suficiente para llegar al intestino inferior (o colon) y cumplir su cometido. Según las últimas investigaciones, parece que los probióticos en microcápsulas tienen más posibilidades de resistir al ácido del estómago y de sobrevivir al viaje hacia el colon; estaremos atentos a las novedades sobre el tema.

La clave consiste en variar el modo de obtener probióticos para aumentar las probabilidades de obtener sus beneficios.

PREBIÓTICOS

Comer una dieta rica en prebióticos naturales parece que puede cambiar para mejor el medio interior de los intestinos. Los prebióticos se encuentran de modo natural en algunas fibras vegetales. Los más comunes son los oligosacáridos, como la inulina, contenidos en alimentos como la banana, la cebolla, el ajo, el espárrago, el puerro, el alcaucil, la achicoria y los cereales integrales, en particular la avena. Ya ves que son ingredientes bastante comunes, de modo que puedes empezar a incluirlos en tu dieta con mayor regularidad, y todo serán ventajas.

No podemos digerir la fibra vegetal, pero nuestra flora intestinal sí puede, y para ello florece sobre ella haciéndola crecer y multiplicarse. Nuestra flora intestinal también consigue fermentar otras fibras que no podemos digerir convirtiéndolas en ácidos grasos de cadena corta. Esos ácidos pueden influir en nuestros órganos digestivos reduciendo el nivel de pH, lo que los mantiene en buena salud y aumenta la cantidad de nutrientes que conseguimos aprovechar de los alimentos.

Por qué es tan buena la fibra
CÓMO AUMENTAR EL CONSUMO

En esta página aprenderás lo fácil que resulta aumentar el consumo de fibra. Para ser sincero, creo que es uno de los aspectos de la dieta más fáciles de mejorar. Como adultos, nuestro objetivo debe ser ingerir unos 30 g de fibra al día, pero la media del Reino Unido está muy por debajo, en 20 g al día. ¡Hay que ponerle remedio!

POR QUÉ NECESITAMOS FIBRA

La fibra es muy importante para mantener nuestro sistema digestivo en estado óptimo. Una dieta rica en fibra favorece el crecimiento de la flora intestinal (véase página 250) y aumenta el tamaño de las heces (sí, queridos lectores, estoy hablando de caca, ¡pero es que es importante!), es decir, nos permite deshacernos de los residuos de modo eficiente. Ambas cosas equivalen a un sistema digestivo feliz: ¡doble placer!

QUÉ ES LA FIBRA

La fibra está considerada como un hidrato de carbono, y se encuentra en los alimentos vegetales. Consumimos dos tipos distintos de fibra, ambos igual de importantes y con un papel vital:

× Fibra viscosa o insoluble: se encuentra en abundancia en alimentos y cereales integrales, como también en el pochoclo, cáscaras de papas, frutas deshidratadas, frutos secos, porotos, choclos, brócoli y zanahorias. No podemos digerirla, pero la flora intestinal sí. Su función es importante: ayudar a otros alimentos y a los residuos a pasar por el intestino, y así mantener nuestro interior en forma. Aumentar la ingesta de fibra insoluble puede aliviar el estreñimiento.

× Fibra no viscosa o soluble: se encuentra en alimentos como avena, cebada, legumbres, porotos, batatas, arvejas, manzanas, naranjas y paltas. No podemos digerirla, pero la flora intestinal sí, lo que la mantiene en forma. Ralentiza la digestión y puede ayudar a reducir el colesterol sanguíneo.

CUÁNTA FIBRA NECESITAMOS

EDAD	CANTIDAD DIARIA
Adultos y niños a partir de 16 años	30 g
Niños de 11 a 16 años	25 g
Niños de 5 a 11 años	20 g

Para que empieces a sacar algo en limpio, he incluido la fibra en el recuadro nutricional de cada receta, así podrás hacerte una idea de la cantidad que tomas en las distintas comidas. Por ejemplo, un solo tazón de sopa estilo navajo (véase página 220) te aporta 25,5 g, ¡casi toda la cantidad diaria!

La clave para aumentar la ingesta es incluir en la dieta gran cantidad de ingredientes ricos en fibra, como verduras, frutas y cereales integrales.

BENEFICIOS PARA LA SALUD

Si no ingerimos suficiente fibra, nuestro sistema digestivo reduce la velocidad y podemos llegar a sentirnos hinchados y apáticos, lo que afecta a nuestra capacidad para realizar las tareas diarias. Por lo tanto, es muy importante asegurarse de que ingerimos la cantidad adecuada. La fibra también ayuda a sentirse lleno durante más tiempo, evitando así comer en exceso y colaborando a controlar el peso.

Se ha demostrado que comer gran cantidad de alimentos ricos en fibra ayuda a reducir el riesgo de sufrir enfermedades del corazón —ya que mantiene a raya el nivel de colesterol—, diabetes tipo 2 y algunos tipos de cáncer. También hay evidencias de que comer avena o cebada con beta-glucanos disminuye el colesterol. Así que todo son ventajas, ¿verdad?

ALIMENTOS QUE CONTIENEN FIBRA

Siguiendo la filosofía del plato equilibrado, los carbohidratos con almidón deben constituir alrededor del 40 % de nuestras comidas. Solo con cambiar los carbohidratos refinados por cereales y variedades integrales se aumenta significativamente la ingesta de fibra. Por ejemplo, sustituir una rebanada de pan blanco por una rebanada integral puede cuadruplicar la cantidad de fibra que ingerimos (de 0,5-1 g a 3-4 g). Otros cambios fáciles: sustituir la pasta de harina blanca por pasta integral e inclinarse por ingredientes ricos en fibra, como avena, quinua, porotos, legumbres, chía y semillas de lino. Un consejo fácil para cuando estés comprando: si quieres elegir hidratos de carbono ricos en fibra, tienes que leer la palabra «integral» en la lista de ingredientes. No te confundas con «multicereales», pues significa que en ese producto hay distintos tipos de cereales, pero no garantiza que sean integrales. Y, por supuesto, comer muchas frutas y verduras, que deberían ser otro 40 % de tu plato.

Victorias fáciles a lo largo del día

Desayuno: toma la avena o cereales integrales. Añade frutas o frutas deshidratadas, frutos secos y semillas para endulzarlos de forma natural y darles una textura crujiente.

Almuerzo: come pan y pasta con cereales y harinas integrales. Complementa las ensaladas y las sopas con porotos, lentejas, frutas y hortalizas.

Cena: intenta llevar siempre a la mesa antes de cenar un bol con ensalada para que los más hambrientos puedan ir picando; sobre todo es muy útil para que los niños adquieran buenos hábitos (véase páginas 264-267). Acompaña las comidas con más verduras, o saca más partido de los platos vegetales. Por ejemplo, si cocinas papas, deja las cáscaras para aumentar la fibra y el aporte nutricional.

Tentempiés: come fruta, tal cual o en forma de helado casero (véase página 240). Un puñado de frutas deshidratadas, frutos secos y semillas (hasta 30 g), un puñado de pochoclo, o algunas verduras crudas también son excelentes opciones ricas en fibra.

Si estás decidido a aumentar tu consumo de fibra, lo mejor es hacerlo de manera gradual. Si aumentaras el consumo de modo repentino y drástico, podrías experimentar dolor abdominal, hinchazón y un poco de ventosidades (que todos queremos evitar, ¡cuando podemos!). Ir agregando fibra poco a poco reducirá los potenciales efectos secundarios. Recuerda además que debes beber suficiente agua (véase página 258), ya que se sabe que la fibra absorbe gran cantidad de agua, así nuestras heces son más blandas y se facilita el tránsito.

Huesos fuertes
ESENCIALES PARA UNA VIDA LARGA Y ACTIVA

- -

Los huesos son el soporte de nuestro cuerpo, y mi objetivo es que aspires a tener unos huesos fuertes y densos. Si miramos la sección transversal de un hueso, veremos que parece un arrecife de coral, e igual que el coral, los huesos son organismos vivos que se degradan y reconstruyen sin parar. Por eso es tan importante entender cómo funcionan y cómo podemos mantenerlos fuertes, densos y sanos. El mejor modo es siguiendo una dieta equilibrada, rica en nutrientes, especialmente calcio, proteínas y vitaminas D y K, y ser físicamente activos. Recuerda que nunca es demasiado tarde para intentar mejorar la salud de nuestros huesos.

NUESTROS HUESOS SON COMO UN BANCO

Hasta los treinta y cinco años, nuestros huesos se forman y descomponen rápidamente; es lo que se conoce como «masa ósea máxima». Cuando entramos en los cuarenta, la degradación de nuestros huesos es más rápida que su regeneración. Para formar y posteriormente mantener unos huesos fuertes, es muy importante que, tanto de niños como de adultos, sigamos una dieta equilibrada y variada. Si consigues comer y moverte correctamente, te garantizarás una salud ósea óptima y recibirás recompensas en todas las etapas de tu vida, sobre todo en tus últimos años, que será cuando realmente importe. Piensa un momento: ¿cómo imaginamos a una persona mayor? Encorvada y con bastón. A menudo, la osteoporosis o los huesos débiles, quebradizos, fracturados o rotos son el inicio de la espiral de mala salud que sufren algunas personas mayores. Espero que las palabras de esta página te inviten a preocuparte por la salud de tus huesos. Quiero verlos a todos bailando alrededor de la mesa a los noventa años, como he visto hacer a personas sorprendentes que he conocido en las regiones del mundo donde la gente es más longeva.

AUMENTA EL CONSUMO DE CALCIO

El calcio es un mineral que compone la estructura de los huesos. ¡Un 99 % de nuestras reservas de calcio están en los huesos y los dientes! Queremos que esas provisiones sigan ahí, para mantenernos lo más fuertes posible, por lo tanto, hay que incluir en nuestra dieta alimentos ricos en calcio (leche, queso, yogur, sardinas, tofu, brócoli... e ingredientes enriquecidos en calcio, como leche de almendras). Si no obtiene suficiente calcio, nuestro cuerpo empezará a utilizar las reservas de los huesos, cosa que hay que evitar a toda costa. Necesitamos calcio para realizar las funciones vitales, entre ellas la regulación del ritmo cardíaco, la neutralización y la coagulación de la sangre y la transmisión de los impulsos nerviosos.

LA IMPORTANCIA DE LA VITAMINA D

La vitamina D nos ayuda a absorber el calcio de los alimentos que comemos y, en consecuencia, a mantener una estructura ósea sana. Desempeña también un papel en la función muscular, pues nos ayuda a guardar el equilibrio, lo cual disminuye el riesgo de caer y, a su vez, de rompernos algún hueso, lo que es particularmente importante para las personas mayores.

La mayor parte de la vitamina D la obtenemos de la luz solar, cuando nuestra piel está expuesta a los rayos ultravioletas B. En los meses de primavera y verano, exponer el 10-20 % del cuerpo (brazos, manos, cara y cuello) al sol durante 10-15 minutos al día, vigilando que la piel no se queme, puede producir suficientes reservas para el invierno. El mejor modo de saber si la luz del sol es la adecuada para producir vitamina D es comprobar que tu sombra sea más corta que tu altura. Para maximizar la absorción, intenta tomar el sol desnudo (seguro que podrás, basta con encontrar un lugar discreto). Durante los meses invernales, el ángulo de los rayos de sol se reduce, lo que significa que no podremos obtener vitamina D de la luz solar, así que, deberemos cubrir esta carencia con los alimentos. La vitamina D se encuentra en los pescados azules (como salmón, trucha y caballa), el hígado, los huevos, los hongos silvestres y los productos enriquecidos con ella, como la leche y el yogur. Los suplementos pueden ser útiles durante los meses de invierno.

EL PAPEL DE LA VITAMINA K

La vitamina K —presente sobre todo en verduras de hoja verde, como brócoli, repollo, kale y espinacas— es esencial para tener una estructura ósea sana. Algunos estudios han demostrado que las personas de edad avanzada a quienes les falta vitamina K tiene más riesgo de sufrir fracturas óseas, de modo que debemos intentar que aumenten su consumo. Un adulto medio debe ingerir 75 microgramos al día; ¡comer solo 7 g de kale nos aporta toda la dosis diaria de golpe!

PROTEÍNAS DE FRUTAS Y VERDURAS

Uno de los problemas más comunes relacionados con la salud de los huesos es que, al no cumplir el objetivo de tomar 5 porciones diarias de frutas y verduras, la ingesta de potasio es insuficiente, y el nivel de ácido en la sangre se desequilibra. Si además no obtenemos suficiente calcio de la dieta, los huesos deben liberar calcio al flujo sanguíneo para neutralizar el ácido. Obtener mucho potasio de las verduras y las frutas servirá sobre todo, para mantener los niveles de ácido en la sangre bajo control, y las reservas de calcio quedarán protegidas. Eso ayuda a mantener nuestra «masa ósea máxima» y a reducir la pérdida ósea relacionada con la edad, lo que, a la larga, protege nuestro esqueleto. El exceso de sal también puede desequilibrar el nivel de ácido en la sangre, de modo que hay que moderar su consumo. La proteína constituye aproximadamente el 50 % de nuestro volumen óseo, y la matriz ósea proteínica está en constante remodelación. Por lo tanto, hay que comer proteínas con regularidad, pero combinándolas con verduras y frutas para equilibrar la acidez.

ACTIVIDAD FÍSICA Y SALUD ÓSEA

El ejercicio físico regular está muy asociado con la fabricación y el mantenimiento de la masa ósea y con la fuerza muscular. Cuando estamos activos físicamente, en nuestro cuerpo se produce un cambio hormonal que contribuye a dar grosor y fuerza a los huesos. Básicamente, los huesos reaccionan al entorno y a lo que necesitamos en ese momento, por lo que el movimiento regular y la actividad física resultan muy positivos. Para obtener los máximos beneficios, debemos practicar dos tipos de ejercicio: ejercicios de carga natural y fortalecimiento de músculos. Los ejercicios de carga natural, como correr, bailar, jugar al tenis, yoga, pilates y subir escaleras, ayudan a mantener y fortalecer los huesos. Los ejercicios de fortalecimiento muscular, como trabajar con máquinas de gimnasio y bandas elásticas o levantar pesas rusas, mejoran el equilibrio y la coordinación, así se evitan las caídas y, en consecuencia, se reduce el riesgo de fracturas. Para más información sobre la salud ósea, consulta **nos.org.uk**.

Maravillosa agua
LA IMPORTANCIA DE UNA BUENA HIDRATACIÓN

¿Qué mensaje deberíamos retener de esta página? Muy fácil: ¡beber más agua! Es alarmante constatar que en el Reino Unido el 60 % de las personas solo bebe un vaso de agua, o incluso menos, al día, ¡y necesitamos más! Así que, hazlo ahora mismo, levántate, ve hasta la primera canilla, llena un vaso y bébetelo. Creo que, como sociedad, todavía nos queda un largo camino por recorrer antes de que llevar siempre agua encima se convierta en la norma, pero lo cierto es que tener agua cerca fomenta su consumo. Que haya agua para beber en casa, la escuela y el lugar de trabajo es ganar la mitad de la batalla. Si no es tu caso, ¡lucha por ello! Estar bien hidratado es esencial para la vida. Y si quieres ser un poco más esbelto, una hidratación adecuada será tu mejor aliado.

Elogio del agua de la canilla

En mi país somos muy afortunados por la extraordinaria calidad del agua que sale de la canilla. Debemos estar muy orgullosos de ello, y utilizarla cada día. El agua mineral solo es cuestión de comodidad y gusto personal. La de algunas botellas contiene más minerales que el agua de la canilla, pero la diferencia es insignificante, y ya obtenemos bastantes de esos minerales con los alimentos; no es motivo suficiente para comercializarla ni para dar bombo a sus propiedades saludables. Recuerda, el agua de la canilla ha pasado muchos controles antes de llegar a las casas, por lo que no hay duda de que es completamente segura, y de que al beberla no nos estamos perdiendo nada. Los filtros de agua sirven para purificarla o eliminar parte del cloro, pero si se llena de agua una jarra y se deja reposar durante 30 minutos, el olor de cloro se dispersará y por lo tanto el sabor también.

LA FUNCIÓN DEL AGUA EN EL CUERPO

Como promedio, el 50-60 % del cuerpo es el agua. Una tercera parte del agua de nuestro cuerpo se encuentra en la sangre y entre las células (líquido extracelular), mientras que los otros dos tercios están contenidos adentro de las células (líquido intracelular).

Dondequiera que esté, el agua es un componente clave de distintas funciones y fluidos corporales:

× Transporte de nutrientes, pues lleva vitaminas, minerales y glucosa a nuestras células.

× Eliminación de toxinas y residuos, mediante movimientos intestinales regulares y la producción de orina a través de los riñones.

× Líquido sinovial, que amortigua las articulaciones.

× Saliva, que ayuda a tragar la comida.

× Sudor, que contribuye a regular la temperatura corporal.

× Respiración, con la que perdemos agua a través del vapor durante el proceso natural de la respiración.

INGESTA Y ELIMINACIÓN DEL AGUA

Mantenemos equilibrado el nivel de agua ingiriendo líquido y perdiéndolo al realizar las funciones corporales normales (véase a la izquierda). La mayor parte se elimina por la orina a través de los riñones, vitales para mantener el equilibrio. Cuando nos falta agua, los riñones envían un mensaje al cerebro diciéndole que estamos deshidratados, y sentimos sed. En realidad, este mensaje siempre va un poco retrasado, así que cuando tengamos sed, puede que haga una hora que nos estamos deshidratando. Como a los niños aún les cuesta más reconocer la sed, hay que ayudarlos a menudo.

CUÁNTA AGUA NECESITAMOS

Esto depende de casi todo, desde la edad, la constitución, el estilo de vida y el nivel de actividad hasta la humedad del entorno. El 70-80 % de la ingesta de agua debe proceder de las bebidas, mientras que el 20-30 %, de alimentos con alto contenido en agua, como frutas y verduras.

La Autoridad Europea de Seguridad Alimentaria ha establecido estas directrices:

EDAD /SEXO	CANTIDAD DE LÍQUIDO	PROCEDENTE DE ALIMENTOS
Mujeres de 14 años en adelante	1,5 litros por día	500 ml
Hombres de 14 años en adelante	2 litros por día	500 ml
Chicas de 9 a 13 años	1,3 a 1,5 litros por día	de 400 a 600 ml
Chicos de 9 a 13 años	1,5 a 1,7 litros por día	de 400 a 600 ml
Niños de 4 a 8 años	1,1 a 1,3 litros por día	de 300 a 500 ml

Las mujeres embarazadas o en período de lactancia necesitan más energía, y también ingerir más líquidos.

CÓMO MANTENERSE HIDRATADO

En el título de esta página está la clave: la mejor apuesta siempre será nuestra vieja amiga H_2O, que deberá constituir la mayor parte de nuestra ingesta de líquidos. También cuentan la leche y las bebidas sin azúcar, incluyendo tés e infusiones, café (con moderación, por supuesto) y jugos de frutas, igual que los alimentos con un alto contenido de agua. Podemos tomar al día una porción de 150 ml de jugo de fruta sin azúcar añadido, que contará como una de nuestras 5 porciones diarias. Sin embargo, no conviene sobrepasar esa porción, porque aumentaría demasiado el aporte de azúcar.

Intenta beber líquidos a intervalos regulares durante todo el día para cubrir las necesidades de tu cuerpo. El agua es el mejor aliado durante las comidas porque, al no tener sabor, no interferirá con los sabores de los alimentos.

Es muy importante mantenerse hidratado al practicar alguna actividad deportiva o ejercicio. El volumen de líquido que necesitamos depende de la humedad y la temperatura del entorno, la cantidad de sudor y la intensidad y duración de la actividad. Si esta es moderada, bebe agua a intervalos regulares. Si realizas entrenamientos intensos de más de 1 hora, beber mitad agua y mitad jugo de fruta te ayudará a mantener el nivel de energía.

EVITAR LA DESHIDRATACIÓN

La deshidratación, por leve que sea, puede causar sensación de cansancio, dolor de cabeza y bajo rendimiento, tanto mental como físico. Una deshidratación más intensa puede provocar estreñimiento y cálculos renales.

Nuestra orina es el mejor indicador: si estamos bien hidratados, será de color amarillo pálido o de color paja; cuanto más deshidratados estemos, más oscura será la orina. Por lo tanto, lo más fácil es fijarse en ella.

Azúcar. Destruir mitos
COSAS ÚTILES QUE HAY QUE SABER

El azúcar es uno de los grandes temas del momento. Pensar en los efectos que tiene en la salud el consumo excesivo de azúcar produce náuseas y pavor, pero con un poco de habilidad, será fácil tomar algunas medidas sencillas para consumir menos. Incluso el gobierno británico está en la labor, pues ha anunciado que en 2018 entrará en vigor un impuesto para las bebidas azucaradas, lo que obliga a la industria a reformular sus productos a toda prisa. ¡La revolución alimentaria ya ha empezado!

¿TODO EL AZÚCAR ES IGUAL?

En una palabra: no. Los azúcares naturales son perfectos, y no hay que preocuparse por ellos, pero los azúcares añadidos son un problema. ¿Cuál es la diferencia?

× **Los azúcares naturales:** Son uno de los componentes de las frutas y verduras (frescas, congeladas, deshidratadas) y los productos lácteos (leche, yogur natural, queso); como estos alimentos contienen también otros nutrientes, sus beneficios para la salud son mayores que cualquier efecto negativo derivado del azúcar.

× **Los azúcares añadidos:** Son los que se agregan a los alimentos y bebidas, tanto por parte de los fabricantes como de nosotros mismos, y los azúcares que se encuentran de forma natural en la miel, los jarabes, los jugos de frutas y los jugos de frutas concentrados.

Los azúcares añadidos los tomamos principalmente con alimentos procesados y manufacturados (como platos preparados, galletas y condimentos), y eso es lo que debemos reducir. Por supuesto, los azúcares añadidos pueden ser útiles en pequeñas cantidades para dar dulzor a las comidas, pero es imprescindible controlarlos porque cuentan en la ingesta diaria de azúcar (véase página derecha). Hay otras opciones más provechosas que el azúcar normal, pues aportan algún que otro beneficio nutricional:

× **Jugo de fruta sin azúcar añadida:** La mayoría de los jugos tienen vitamina C, que activa nuestro sistema inmunológico, así como potasio, que nuestros músculos necesitan para funcionar correctamente. Intenta no superar los 150 ml diarios (contará como una de las 5 porciones al día).

× **Melaza:** Aunque no sea tan dulce como otros azúcares refinados, la melaza es una fuente de hierro, que ayuda a prevenir el cansancio y mantiene sano nuestro sistema inmunológico, además de proporcionar minerales como potasio, calcio, magnesio y cobre.

× **Jarabe de arce:** Procede de la savia del arce, que es rica en manganeso, un mineral que ayuda a combatir el daño celular, mantiene los huesos fuertes y es buena para conservar alto el nivel de energía. También es una fuente de riboflavina, beneficiosa para los ojos, la piel y los glóbulos rojos.

× **Miel:** La producen las abejas a partir de polen y néctar. Contiene menos calorías que el azúcar normal, y como es más dulce, se utiliza en menos cantidad. También es una fuente de manganeso. Se cree que la miel de manuka posee algunas cualidades antisépticas y ayuda a cicatrizar las heridas.

¿CUÁNTO AZÚCAR DEBO COMER?

La cantidad recomendada en la actualidad para un adulto medio es de un máximo de 90 g al día de «azúcares totales», es decir, sumados los azúcares añadidos con los azúcares naturales. Las directrices en materia de azúcares añadidos son muy específicas (¡intenta que sea menos!):

EDAD	MÁXIMO DE AZÚCAR AÑADIDO POR DÍA
Adultos y niños de 11 años en adelante	30 g o 7 cucharaditas aprox.
Niños de 7 a 10 años	24 g o 6 cucharaditas aprox.
Niños de 4 a 6 años	19 g o 5 cucharaditas aprox.

¿QUÉ TIPO DE AZÚCAR HAY EN MI COMIDA?

× Los azúcares añadidos no siempre aparecen en las etiquetas como azúcar, por lo que pueden ser difíciles de detectar. Ten cuidado con los siguientes ingredientes, pues todos son habituales y son azúcares: néctar de agave, edulcorantes de maíz, dextrosa, miel, jarabe de maíz, sacarosa, fructosa, glucosa y melazas.

× En las etiquetas, los ingredientes aparecen en orden descendente, así que cuanto antes aparezca en la lista un azúcar, mayor cantidad de él contendrá el producto.

× Para mayor claridad, mira la información nutricional de la parte posterior del envase. Los azúcares aparecen como «de los cuales son azúcares», y este será el contenido total de azúcar por porción o por 100 g. Esta cifra no distingue entre los azúcares añadidos y los naturales, por eso también hay que comprobar la lista de ingredientes para tener una idea del tipo de azúcares que en realidad hay en el producto.

× En el Reino Unido, muchos fabricantes de alimentos y bebidas ponen una especie de semáforo en sus paquetes para señalar los valores nutritivos importantes —como azúcares, grasas saturadas y sal— con los colores verde, ámbar o rojo (bajo, medio o alto). Como regla general, opta por los alimentos y bebidas en cuyos valores predomine el verde y el amarillo.

LOS MEJORES CONSEJOS PARA REDUCIR LA INGESTA DE AZÚCAR

× Para mantenerte hidratado, bebe agua en lugar de bebidas gaseosas edulcoradas con azúcar (véase página 258).

× Uno sencillo: no tengas bebidas azucaradas en casa. Si no hay, ¡nadie las beberá!

× Prepárate tu propio desayuno y evita los cereales cargados de azúcar; echa un vistazo a las páginas 10-41.

× Es fácil confundir el hambre con la sed, así que toma un vaso de agua o una taza de té, café o leche antes de consumir un tentempié rico en azúcar o grasas.

× Reserva los postres dulces, deliciosos pero con mucho azúcar, para el fin de semana y ocasiones especiales.

× Enseña a tus hijos a comer sabrosos tentempiés a base de vegetales, así sus papilas gustativas no estarán entrenadas solo para saborear alimentos dulces. No sé cómo, pero ¡mi esposa ha conseguido que nuestros hijos piensen que las arvejas congeladas son una delicia!

Lo más importante que debes recordar es que comer de forma saludable es cuestión de equilibrio. Date un capricho rico en grasas o azúcares de vez en cuando, pero no cada día. La mayor parte de la dieta diaria debe estar compuesta por alimentos nutritivos y equilibrados.

Cocinar con niños
CÓMO HACER QUE SE INVOLUCREN

Creo fervientemente que una de las mejores cosas que se puede enseñar a un niño, junto con leer y escribir, es cocinar. Es muy importante que tus hijos tengan curiosidad por la comida, y quieran saber de dónde viene y cómo se cocina, desde bien pequeños, pues un niño que sepa desenvolverse en la cocina en el futuro será mucho más sano y feliz. A continuación encontrarás algunos buenos consejos.

Inícialos desde pequeños

Dedicar tiempo a la comida cuando son pequeños e influenciables es la clave. Muéstrales la variedad de alimentos nutritivos más amplia posible, pues cuanta mayor experiencia y conocimientos sobre los alimentos puedan adquirir, más seguros se sentirán, y tendrán más curiosidad y más cosas nuevas probarán.

+ BUSCA EL TIEMPO +

Todos somos esclavos de un estilo de vida ajetreado, pero hay que reservar un momento para cocinar juntos. En los días laborables se prepararán cosas sencillas, mientras que el fin de semana, cuando no hay tantas prisas, se puede cocinar algo más complicado. Es buena idea preparar cantidades grandes, pues a los niños les encantará haber ayudado a hacer las comidas de otros días (muy recomendable si tienes algún comensal remilgado; véase página 266). Darles la oportunidad de ayudar a preparar deliciosos batidos (véase página 20), o un buen plato de porridge con chocolate (véase página 12) para sus desayunos también es un método rápido y eficaz para que participen en tareas simples.

EMPIEZA CON POCO Y VE AÑADIENDO

Siempre es bueno empezar poco a poco, con tareas como recoger hierbas aromáticas, centrifugar las hojas de la lechuga, mezclar y pesar, y dejar que los niños tomen pequeñas decisiones que les harán sentir importantes. Después, pueden preparar algún elemento de una receta, e ir aprendiendo técnicas un poco más difíciles con el tiempo. Cuanto más cocinen, mejor lo harán. Mis hijas mayores están muy contentas los días en que intentan hacer toda una receta, mientras que a los dos menores les encanta ayudar en cosas concretas. Lo importante es despertarles el interés por involucrarse en la cocina.

Enseña con la práctica

Deja que tus hijos prueben, toquen y huelan los ingredientes que estás cocinando; cuantos más conocimientos compartas con ellos, mejor. Explícales que es NORMAL que no nos guste todo, pero que siempre es bueno probar, y predica con el ejemplo: si tú haces algo, lo más probable es que ellos también quieran intentarlo.

DIVIÉRTETE Y RESÍGNATE AL DESASTRE

Al fin y al cabo, ¡los niños son niños! En cuanto se presente la ocasión, empieza con la cocina organizada, ponles el delantal a los niños y dales unos taburetes a los que puedan subirse. Enséñales unas cuantas normas de la casa, y después, a poner orden; incúlcales esos buenos hábitos ahora, ¡o más tarde lo lamentarás!

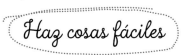

Haz cosas fáciles

A veces, las recetas más sencillas son las mejores. Es preferible empezar con algo fácil y rápido para mantener su atención, pues con un plato demasiado complicado se aburrirán y a la mitad se escaparán para ir a corretear. Empieza por sus platos favoritos, y después sigue con cosas que vayan poniendo a prueba sus papilas y les saquen de su zona de confort.

DALES UTENSILIOS DE VERDAD

Creo firmemente que los niños deben usar utensilios de verdad. Por ejemplo, el mejor modo y más seguro para que un niño aprenda a manejar un cuchillo —e incluso a andar seguro con él— es darle un cuchillo de verdad. Además, usar los utensilios de un adulto, ¡bajo supervisión de cerca, obviamente!, potencia y aumenta su autoconfianza.

Cultiva alimentos

No hace falta un gran jardín para cultivar alimentos. Que en un alféizar de la ventana crezcan algunas hierbas o tomates es suficiente para despertar su interés. Esto les animará y ayudará a adquirir hábitos alimenticios positivos que practicarán toda la vida.

Acude a los mercados de productores locales

Si es posible, lleva regularmente a tus hijos a un mercado de agricultores durante toda su infancia. Creo de verdad que gracias a la pasión de los vendedores, a sus increíbles e intuitivos conocimientos, su respeto por los productos y su capacidad para adaptarse a las estaciones, los niños establecerán con los alimentos una excelente conexión. Ni siquiera hay que gastar dinero, basta con echar un vistazo, hacer preguntas, tocar, sentir y emparse de todo. Será una de las experiencias de su educación alimentaria más intensas que puedas proporcionarles, y también muy divertida.

SAL AL EXTERIOR

Disfrutar de los alimentos al aire libre tiene una vertiente lúdica y fascinante que ayudará a los niños a relajarse. La diversión puede consistir en recoger fruta o arrancar zanahorias. No tiene por qué ser complicado, solo con tomar una tabla de cortar y algunos utensilios básicos, ya puedes preparar una deliciosa ensalada con unos cuantos ingredientes simples de cosecha propia.

Involúcralos de otros modos

Trata de involucrar a tus hijos en el ritual de la comida familiar. Haz que ayuden a poner la mesa, y si se trata de una ocasión especial, a hacer etiquetas con los nombres o algún elemento decorativo, y ya estarán participando. Pueden preparar jarras de agua con chorritos de jugo de cítricos, bayas o hierbas y llenar el vaso de los comensales antes de empezar a comer (más información sobre la hidratación en la página 258).

Comensales remilgados
CONSEJOS, TRUCOS Y ASTUCIAS QUE TE AYUDARÁN

En primer lugar, déjame decir que todas las tácticas de esta página funcionarán igual de bien con adultos quisquillosos que con niños quisquillosos. Se habla mucho de lo difícil que es a veces que los niños coman bien, pero también puede ser fácil. Cada niño es distinto, y te aseguro que en mi casa las comidas distan mucho de ser perfectas; siempre es una batalla campal, y si conseguimos terminar de cenar sin que ninguno de nuestros hijos haya llorado, ¡podemos cantar victoria! Sus gustos, personalidades y estado de ánimo cambian sin cesar, y siempre me parece que estoy al borde de la anarquía. Pero, si no abandonas y utilizas algunas de estas estrategias —que yo uso en casa—, al final saldrás ganando. Jools y yo hemos logrado que nuestros hijos sean un grupo bastante compacto que sin duda aprenderá a disfrutar de la mayoría de las cosas. Después, el resto dependerá de ellos.

No te rindas

Es normal que a los niños deje de gustarles lo que antes les encantaba, y viceversa; aunque puede ser frustrante, es parte del proceso de crecimiento. Si hay algo que rechazan, la perseverancia y la paciencia son la clave. Inténtalo 3, 10, 20 veces hasta que les guste. Y trata de no hacer un drama. Retirar la comida sin hacer comentarios es el mejor camino. Pruébalo de nuevo otro día. Con el tiempo, cederán, y si no lo hacen, es que tal vez nunca les gustará, y NO PASA NADA.

Refuerza los buenos hábitos

Busca estrategias para despertar su interés y reforzar y fomentar hábitos alimentarios positivos a largo plazo. Es muy importante conseguir que los niños quieran comer cosas buenas por su cuenta, que se emocionen con los sabores, texturas e ingredientes nuevos y los adopten, y captar su atención y empujarlos a salir de su zona de confort probando cosas distintas.

– SÉ UN MODELO PARA ELLOS –

Tus hijos aprenderán de ti imitándote, ¡muéstrales el camino! Prepara las comidas con varios alimentos distintos. Cuando vean que tú comes algo, es muy probable que quieran probarlo. Y si no se te ocurre nada, darles un bocado de tu plato, si están dispuestos a probar algo nuevo, puede que funcione.

– Crea una rutina –

Sigue una buena rutina tan pronto sea posible. Nosotros intentamos no corrernos de las tres comidas al día, con un tentempié a media mañana y otro a media tarde. Así los niños saben a qué atenerse, se mantienen relajados y tienen la oportunidad de sentir apetito. y de esperar con ganas la hora de la comida.

El poder de los trucos

Comer frutas y verduras con toda naturalidad es una de las mejores cosas que puedes inculcarle a cualquier niño. Utiliza todos los trucos que se te ocurran para llegar a buen puerto. Si tienes que cortar las verduras con un pelapapas para que queden unos bonitos tirabuzones, o ponerle un nombre divertido a algún plato, ¡hazlo! También puede ser una táctica inteligente convencerlos de que algo es una golosina y dárselo para que lo prueben entre comidas. Después del baño, cuando se hacen los remolones a la hora de acostarse, les encantará probar un trozo de espárrago crudo o un haba, así papá se distrae y no los manda a la cama... Siempre pongo un plato de ensalada en la mesa 10 minutos antes de servir la cena. Si tienen hambre de verdad, picarán mientras esperan.

DISFRAZAR LAS VERDURAS

No soy muy fan de disfrazar las verduras, ¡pero funciona muy bien! Triturarlas o mezclarlas con sus platos favoritos es un buen comienzo. Con el tiempo, puedes ir dejándolas en pedazos más grandes, hasta que al final ya no se fijarán en ellas. No hay que hacer una cura intensiva, sino ir subiendo escalones.

¿CON DISTRACCIONES O SIN?

Sobre este tema, tengo dudas. Odio los juguetes, la televisión y el teléfono mientras estamos cenando. Para mí, lo único que hace falta es una buena conversación. Sin embargo, si a los niños más pequeños les cuesta aceptar los alimentos saludables, dejarlos ver sus dibujos animados favoritos puede distraerlos el tiempo necesario para que se los coman. La verdad, creo que es útil combinar tácticas en función de su edad. Y en definitiva, a medida que crecen, comer, compartir y conversar es el camino que debes seguir. Además, también es bueno para el alma.

Mira en perspectiva

No te atormentes si algún día no te ajustas al programa, mira la semana en conjunto y tranquilízate viendo que en realidad lo has hecho bastante bien. Si de vez en cuando fallas, no te estreses, ¡a todos nos ha sucedido!

5 COSAS A TENER EN CUENTA...

× A menudo, la hora de la cena es un caos. ¡Acéptalo!
× Tu hijo no es un adulto, dale un poco de margen.
× Si un niño cultiva y cocina, su comida le gustará más.
× Céntrate en lo que le gusta, no en lo que no le gusta.
× Si todo el mundo se lo está comiendo, es más probable que tu hijo lo pruebe.

¡Don't worry, be happy!

Si estás pendiente de lo que comen tus hijos, el simple hecho de preocuparte por ello ya te coloca en la primera división de la paternidad. Mis hijos a veces son remilgados, ¡y eso que yo soy chef! Diviértete con la comida y trata de pensar a largo plazo. Anímalos a conseguir pequeños objetivos durante un largo período. ¡Al final llegarán a la meta!

Hacer un presupuesto es fácil
MIS MEJORES CONSEJOS
PARA COMPRAR CON INTELIGENCIA

Hacer la compra

× Elige bien los comercios. Puede que el mejor lugar para comprar fruta y verdura no sea el mejor para la carne, pescado o productos lácteos. Necesitarás más tiempo, pero indiscutiblemente vale la pena invertirlo.

× Comprar en línea puede ser un buen modo de controlar lo que gastas, pues es fácil ir revisando el total acumulado y rectificar si se ha gastado demasiado. Además, ¡hay muchas menos tentaciones!

× Haz provisión de alimentos básicos de larga conservación, como arroz, pasta, productos deshidratados y en lata. A veces se pueden comprar al por mayor, y si tienes espacio para almacenarlos, vale mucho la pena. Si no, ¿por qué no estudias la posibilidad de reunirte con amigos o familiares, comprar al por mayor, y repartirlo entre todos?

× Las especias dan toneladas de sabor a los guisos. Los comercios especializados y muchos supermercados las venden en bolsas grandes; así salen más baratas y el dinero rinde más. Solo tienes que guardarlas en frascos herméticos, etiquetarlos y almacenarlos correctamente, y te durarán años.

× Resístete a las ofertas «dos por uno» y similares en productos que quieras limitar en tu dieta. ¡Solo son una ganga si realmente necesitas el producto!

Planifica el menú

Planificar el menú está muy bien, pero no dejes que te limite. La mejor opción es una planificación flexible. Compra lo previsto para media semana, y para el resto de los días, piensa en comidas adaptables. Te ayudará a malgastar menos, y de este modo no te quedarás fuera de juego si cambias de planes en el último minuto.

ALÍATE CON TU FREEZER

× Cuando prepares recetas como las de la boloñesa (véase página 170 y 226), y el pastel de salmón (véase página 82), dobla los ingredientes para que te sobre una buena cantidad. Sacadas del freezer, las sobras serán excelentes almuerzos o cenas de último minuto, ¡y tu escasez de tiempo te lo agradecerá! Etiquétalo para evitar jugar a la ruleta del freezer.

× El cajón superior de mi freezer está lleno de cosas para aderezar. Congelo los ajíes picantes y el jengibre que se ven un poco mustios, para rallarlos congelados, o picados de antemano; curri, laurel y hojas de lima kaffir; pestos caseros (véase página 232), pastas de curri (véase página 236), y las bolsas o recipientes con sobras (véase página 230). Todo se congela bien y puede utilizarse directamente congelado.

× Los langostinos congelados suelen ser más baratos, y son perfectos para preparar una comida superrápida, como mi curri de Sri Lanka (véase página 50).

– CARNE –

× Ve a tu carnicero. Así evitarás tener que comprar cantidades envasadas que no te hacen falta, y él te aconsejará con sensatez. Compra siempre lo mejor que puedas permitirte.

× Come carne con menos frecuencia, o come cantidades más pequeñas acompañadas de legumbres u hortalizas de estación. Te ahorrará dinero, y es bueno para el planeta.

× Comprar una pieza de carne más grande y distribuirla en varias comidas es un buen modo de ahorrar un poco de dinero. A menudo compro un pollo entero y lo corto yo mismo en pedazos, o lo cocino entero y utilizo la carne y el caldo de modos distintos en los días siguientes (véase página 230).

– PESCADO –

× Ten la mente abierta y, en la pescadería, déjate aconsejar. Te recomendarán los productos de estación y más sostenibles, que suelen ser más baratos.

× Mira qué pescado está de oferta y haz tus propios bastones de pescado (véase página 228) para congelar.

– FRUTAS Y HORTALIZAS –

× Infórmate sobre los cambios estacionales, porque cuando están en temporada, los alimentos tienen mejor sabor y son mucho más nutritivos y asequibles.

× Compra también verduras congeladas, son un valor seguro, están disponibles todo el año y son nutritivas porque se congelaron en su mejor momento. Y puedes tomar solo un puñado de lo que necesites y cuando lo necesites.

× La fruta congelada siempre es útil, para los batidos del desayuno (véase página 20) y los helados (véase página 240).

HECHO POR TI

Hacer tu propia pasta (véase página 200), bases de pizza (véase página 94), panes de pita (véase página 220) y tacos (véase página 86) te ahorrará toneladas de dinero, con la ventaja añadida de que sabrás exactamente qué contienen.

CULTIVADO POR TI

No todo el mundo tiene jardín, pero tampoco lo necesitas para cultivar tu propia comida. Muchas plantas —hierbas, chiles y varios tipos de lechuga— crecen bien en interiores o en un cantero en la ventana.

Almacena

Una despensa perfectamente preparada puede ser un salvavidas en esos días en que tienes que llevar algo a la mesa rápidamente. Haz provisión de todo tipo de cosas maravillosas que te ayuden a dar sabor fácilmente, como aceites, encurtidos, vinagres, cubitos de caldo, frutos secos, semillas, pasta, arroz, cereales y legumbres y productos en conserva, así como ingredientes básicos de pastelería. Recuerda, sin embargo, que los condimentos son ricos en sal: utilízalos con mesura.

Pon muchas hierbas y especias en tu vida, es un modo saludable de dar sabor que ayuda a reducir el consumo de sal. Para mantener las hierbas frescas durante el mayor tiempo posible una vez cortadas, haz un manojo, recorta los tallos, envuélvelas en papel de cocina húmedo y guárdalas en la heladera.

Recapitulación de ingredientes
ESTÁNDARES, BIENESTAR Y GUÍA

ESTÁNDARES DE ALIMENTOS

Para mí, consumir carne no supone ningún problema si el animal se ha criado bien y su salud ha sido óptima. Siempre que puedas, compra la de animales que han pastado, han podido vagar libremente y no han vivido en un ambiente estresante; es esencial. Me parece lógico pensar que lo que nos metemos en el cuerpo debería haber tenido una buena vida, porque eso es lo que nos transmitirán. Se trata de optar por la calidad y no por la cantidad, así pues, por favor, siempre que puedas, compra alimentos orgánicos, carnes de animales criados en libertad y pescados procedentes de una fuente responsable.

En cuanto a los huevos, siempre de corral u orgánicos, y lo mismo para cualquier alimento que contenga huevo, como la pasta. Y el caldo, también orgánico.

LÁCTEOS

Con los productos lácteos de primera necesidad, como la leche, el yogur y la mantequilla, sinceramente, no podría estar más a favor de los productos orgánicos. Son un poco más caros, pero cada vez que compras orgánico estás defendiendo un sistema alimentario mejor.

ALCOHOL

En algunas de las recetas de este libro se usan bebidas con alcohol para aromatizar. La mayor parte del alcohol desaparece al cocinar, y las trazas que quedan no son perjudiciales para un niño. Pero si vas a cocinar para un niño menor de dos años, olvida el alcohol, o reemplázalo por caldo bajo en sal o jugo de frutas sin azúcar añadido.

CONGELACIÓN

Enfría los alimentos antes de congelarlos y divídelos en porciones para que se enfríen más rápido y puedas meterlas en el freezer como máximo 2 horas después de la cocción. Asegúrate de que todo esté bien envasado, especialmente la carne y el pescado, y etiquétalo. Descongélalo en la heladera antes de usarlo. En general, si se han congelado alimentos cocinados, no se debe volver a congelarlos después de recalentarlos.

SAL

Necesitamos una pequeña cantidad de sal para que nuestro cuerpo pueda realizar una serie de funciones esenciales. La sal ayuda a mantener el fluido de las células y se utiliza para transmitir información entre los nervios y los músculos. Sin embargo, el exceso de sal puede ser peligroso, pues aumenta la presión arterial, que a su vez aumenta el riesgo de accidente cerebrovascular y de enfermedades cardíacas. Una dieta salada es especialmente peligrosa para los niños, porque sus riñones aún no están lo suficientemente desarrollados para reaccionar a ella. En general, elige productos con menos de 0,3 g de sal por cada 100 g.

EDAD	INGESTA MÁXIMA DIARIA
Adultos y niños de 11 años en adelante	6 g
Niños de 7 a 10 años	5 g
Niños de 4 a 6 años	3 g

Hablemos de utensilios

Si quieres ahorrarte mucho tiempo y problemas, hay algunos aparatos y utensilios de cocina que, te lo prometo, te harán la vida mucho más fácil. Una multiprocesadora te va a ahorrar horas de picado y rallado todas las semanas, y una licuadora te ayudará a exprimir todo tipo de cosas maravillosas en cuestión de segundos (lee «Astucias de cocina» para inspirarte, páginas 222-241). Los peladores de verduras, los ralladores y los cuchillos con la hoja ondulada son estupendos para añadir interesantes texturas a las ensaladas, y un mortero es fantástico para aplastar y moler ingredientes y extraerles el máximo sabor. Además, una plancha, algunas bandejas para asar, varias sartenes antiadherentes en condiciones y unos cuantos cuchillos de buena calidad te resultarán muy útiles. Mantén tu equipo en perfecto estado y la cocina bien organizada, así estarás bien preparado para lidiar con cualquier receta y preparar unas comidas supersabrosas que encantarán a toda la familia.

– UNAS NOTAS DEL EQUIPO DE NUTRICIÓN DE JAMIE –

El trabajo de nuestro equipo es asegurarse de que Jamie, por muy creativo que sea al inventar recetas, cumpla siempre las directrices establecidas. Cada libro tiene un propósito distinto, y el objetivo de Jamie con *Cocina sana en familia* es ofrecerte un montón de ideas para que cada día puedas hacer comidas sabrosas y equilibradas, que resulten sanas y no sobrepasen la cantidad establecida de calorías (véase página 244; nos hemos basado en la ingesta diaria recomendada para una mujer, alrededor de 2.000 calorías). Recuerda que estas cifras son solo una guía, y lo que comes siempre tendrá que adecuarse a factores como la edad, el género, la constitución y la actividad física. Para que puedas tomar decisiones bien fundadas, debajo de cada receta verás su contenido nutricional, así tendrás un punto de partida muy sencillo para saber qué estás comiendo. Recuerda que una dieta equilibrada y el ejercicio regular son las claves de un estilo de vida más saludable. Para obtener más información acerca de nuestras directrices y cómo se analizan las recetas, visita por favor: jamieoliver.com/nutrition

Laura Matthews. Jefa de Nutrición, RNutr (Alimentación)

¿Te has quedado con hambre de más?

Para obtener asesoramiento práctico sobre nutrición, así como videos, pistas, trucos y consejos sobre todo tipo de temas, un montón de excelentes y sabrosas recetas y mucho más, visita *jamieoliver.com* y *youtube.com/jamieoliver*

GRACIAS

Ya saben que me refiero a ustedes

y lo mucho que aprecio todo lo que hacen

Ante todo y en primer lugar, durante la creación de este libro he tenido el privilegio de conocer a gente maravillosa con unos conocimientos sorprendentes sobre salud, bienestar y nutrición. Mi enorme agradecimiento a: Kinvara Carey, director general del Natural Hydration Council; a la doctora Helen Crawley, nutricionista diplomada, que dirige la organización benéfica First Steps Nutrition Trust; a la doctora Emma Derbyshire, nutricionista diplomada, fundadora de Nutritional Insight Limited y premiada escritora sobre salud; a la profesora Marion M. Hetherington, profesora de Biopsicología de la Universidad de Leeds, que estudia cómo evoluciona el apetito humano a lo largo de toda la vida; al doctor Jonathan D. Johnston, profesor adjunto de Cronobiología y director de PGR de Integrative Physiology de la Facultad de Ciencias Biológicas y Medicina de la Universidad de Surrey; a la profesora Susan Lanham-New, profesora de Nutrición de la Universidad de Surrey y asesora científica de la National Osteoporosis Society, la principal entidad benéfica del Reino Unido a favor de la salud ósea; a la profesora Julie Lovegrove, profesora de Nutrición Humana y nutricionista diplomada de la Universidad de Reading, que estudia las influencias de la nutrición en la salud cardiovascular y el desarrollo del síndrome metabólico; a Bryan McCluskey, director de operaciones del Highland Spring Group; a la doctora Denise Robertson, profesora asociada senior de Fisiología Nutricional de la Universidad de Surrey, que analiza cómo afectan los distintos tipos de hidratos de carbono al intestino y a la salud general; y a Jamie Sawyer, mi extraordinario entrenador personal.

Tengo la gran suerte de estar rodeado de multitud de personas increíbles, tanto en mi propia empresa como en las empresas con las que habitualmente trabajo. Todos ustedes son parte tanto del proceso de creación de mis libros como de la vida que estos tienen una vez publicados, en el Reino Unido y en todo el mundo. Nunca les agradeceré lo suficiente todo el apoyo que me dan. Es imposible enumerarlos aquí uno por uno, y no quiero ponerme pesado, pero todos saben que me refiero a ustedes y lo muy agradecido que les estoy.

Doy las gracias de forma especial para la gente más cercana a mí, sobre todo a aquellos que han estado a mi lado en la creación de este libro. En primer lugar, a mi increíble equipo culinario, a la divina Ginny Rolfe, a mi hermano escocés Pete Begg, a Bobby Sebire, Abigail Fawcett, Georgina Hayden, Christina Mackenzie, Phillippa Spence, Jodene Jordan, Maddie Rix, Elspeth Meston, Rachel Young, Jonny Lake y Francesa Paling, así como a Becca Sulocki. También a Claire Postans, Joanne Lord, Athina Andrelos, Laura James, Ella Miller, Helen Martin y Daniel Nowland. A mis portentosos nutricionistas, Rozzie Batchelar y Eretia O'Kennedy, que están sustituyendo a Laura Matthews con talento. Como siempre, gracias a mi ilustre editora Rebecca Verity y a Bethan O'Connor, por cuidar las palabras de mis libros, y a Laura Jones. Y, por supuesto, muchísimas gracias a todos los demás implicados por cumplir tan bien su misión, son todos encantadores, desde los equipos de marketing y relaciones públicas hasta mis equipos legales, financieros e informáticos personales, y especialmente a todos los catadores oficiales superentusiastas.

Mil gracias, con amor y respeto, a Tom Weldon, Louise Moore y sus estupendos equipos de Penguin Random House, desde los equipos de arte, producción y Ed2, hasta los de derechos, publicidad, comunicación y ventas; les estoy muy agradecido por todo lo que hacen. Dedico una mención especial a John Hamilton, Juliette Butler, Nick Lowndes, Bek Sunley y, por supuesto, Annie Lee.

Un caluroso saludo para James Verity, mi diseñador y asistente de cámara, y a los chicos de la agencia creativa Superfantastic. Gracias a mi amigo Paul Stuart, y a Bradley Barnes, por sus excelentes retratos. Y a Lima O'Donnell y Julia Bell.

Gracias a Jay Hunt y la banda de Channel 4, así como al fantástico equipo de Fresh One Productions, dirigido con mano firme por Zoe Collins, Katie Millard y Nicola Pointer, por apoyar este libro con un impresionante programa de televisión, que va a gustar a todo el mundo, lo sé.

Y por último, pero no menos importante, debo agradecer a mi maravillosa y única familia su amor, apoyo e inspiración. Los quiero muchísimo.

ÍNDICE

Las recetas marcadas con una V son aptas para vegetarianos

SALUD Y FELICIDAD

Para conseguir una lista de referencia rápida de todas las recetas sin lácteos y sin gluten de este libro, por favor visita:

jamieoliver.com/ super-food-family-classics/reference

Oliver, Jamie
    Cocina sana en familia / Jamie Oliver. - 1a ed. - Ciudad Autónoma
de Buenos Aires : Grijalbo, 2017.
    288 p. ; 25x20 cm. (Ilustrados)

    Traducido por: Àngels Polo Mañá

    ISBN 978-950-28-0941-0

    1. Cocina. 2. Libros de recetas. I. Àngels Polo Mañá, trad. II. Título
    CDD 641.5

michael joseph
R. U. | EE.UU. | Canadá | Irlanda | Australia | India | Nueva Zealanda | Sudáfrica
Michael Joseph forma parte del grupo editorial de Penguin Random House

Título original: *Super Food Family Classics*

Primera edición en la Argentina bajo este sello: marzo de 2017

© 2016, Jamie Oliver
© 2016, Jamie Oliver Enterprises Limited, por las fotografías de las recetas
© 2016, Paul Stuart, por la fotografía de tapa y las imágenes de estudio
© 2016, Jamie Oliver Enterprises Limited, archivo fotográfico de la página 242 y guardas
(David Loftus, Jamie Oliver, Jools Oliver, Matt Russell)
© 2016, de la presente edición en castellano para todo el mundo:
Penguin Random House Grupo Editorial, S.A.U.
Travessera de Gràcia, 47-49. 08021 Barcelona
© 2016, Àngels Polo Mañá, por la traducción

© 2017, Penguin Random House Grupo Editorial, S.A.
Humberto I 555, Buenos Aires
www.megustaleer.com.ar

Diseño: Superfantastic
Reproducción de color por Altaimage Ltd.
Maquetación: Fernando de Santiago

ISBN: 978-950-28-0941-0

Esta edición se terminó de imprimir en L.E.G.O., Italia

Penguin
Random House
Grupo Editorial